Walter Dietrich

Die Königsbücher heute lesen

TVZ

**bibel heute lesen**

**Die Bibel als geselliges Buch heute lesen**, Klaus Bäumlin, 2025

**Die Urgeschichte (Genesis 1–11) heute lesen**, Klaus Bäumlin, 2021
**Das Exodusbuch heute lesen**, Konrad Schmid, 2023
**Das Richterbuch heute lesen**, Heinz-Dieter Neef, 2023
**Die Samuelbücher heute lesen**, Walter Dietrich, 2022
**Das Koheletbuch heute lesen**, Heinz-Dieter Neef, 2026
**Das Jesajabuch heute lesen**, Andreas Schüle, 2023
**Das Amosbuch heute lesen**, Dirk Sager, 2025
**Das Jonabuch heute lesen**, Benedikt Hensel, 2025
**Das Nahumbuch heute lesen**, Nesina Grütter, 2024
**Das Habakukbuch heute lesen**, Thomas Staubli, 2026

**Das Markusevangelium heute lesen**, Klaus Bäumlin, 2019
**Das Johannesevangelium heute lesen**, Michael Heymel, 2020
**Das Unservater heute lesen**, Jean Zumstein, 2023
**Den Philipperbrief heute lesen**, Karl-Siegfried Melzer, 2026
**Den 1. Johannesbrief heute lesen**, Karl-Siegfried Melzer, 2021
**Die Johannesoffenbarung heute lesen**, Michael Heymel, 2018

Walter Dietrich

# Die Königsbücher heute lesen

T V Z
Theologischer Verlag Zürich

Der Theologische Verlag Zürich wird vom Bundesamt für Kultur für die Jahre 2026–2028 mit einem Strukturbeitrag unterstützt.



Bibliografische Information der Deutschen Nationalbibliothek
Die Deutsche Nationalbibliothek verzeichnet diese Publikation in der Deutschen Nationalbibliografie; detaillierte bibliografische Daten sind im Internet über http://dnb.dnb.de abrufbar.

Umschlaggestaltung
Simone Ackermann, Zürich
Unter Verwendung des Bilds eines Schüler Raffaels (1483–1520)
«Salomo und die Königin von Saba», 16. Jahrhundert


Druck
gapp print, Wangen im Allgäu

ISBN 978-3-290-18777-4 (Print)
ISBN 978-3-290-18778-1 (E-Book: PDF)


www.tvz-verlag.ch

# Inhalt

Der hochwürdigen Theologischen Fakultät
der Károli-Gáspár-Universität
der Reformierten Kirche Ungarns
zu Budapest in Dankbarkeit

# Vorwort

Vor nicht langer Zeit konnte ich in derselben Reihe das Buch «Die Samuelbücher heute lesen» vorlegen. Der Verlag erlaubte mir nun, mich auch an den Königsbüchern zu versuchen. Dieses biblische Doppelbuch hat mich zeit meines akademischen Lebens – von meiner Dissertation über «Prophetie und Geschichte» an – beschäftigt. Gleichwohl ist, was ich im Folgenden über sie mitzuteilen versuche, nicht nur eigenem Nachforschen zu verdanken, sondern den Forschungen vieler, die an den Königsbüchern gearbeitet haben. Nur ausnahmsweise nenne ich im Text die Namen aktueller Forscher, und auch in der «Weiterführenden Literatur» im Anhang kann nur eine Auswahl getroffen werden. Dabei stütze ich mich vielfach auf die Arbeiten anderer, denen ich hiermit pauschal meinen Dank abstatte.

Mein Dank geht aber auch in andere Richtungen. In Bern und in meinem Wohnort Wabern haben sich immer wieder Laiengruppen zum Studium biblischer Bücher zusammengefunden, etwa auch der Samuel- und der Königsbücher; den Gesprächen mit ihnen verdanke ich ausserordentlich viel. Zudem hat mich der in Deutschland domizilierte Verein «Worthaus» eingeladen, zwei Vorträge zur Einführung in die Königsbücher zu halten, die aufgezeichnet und ins Netz gestellt wurden; der dafür erarbeitete Text wurde zum Grundstock des vorliegenden Büchleins. Prof. Stefan Münger, Bern, hat mir bei der Erstellung der Landkarte im Anhang zu diesem Buch geholfen. Nicht zuletzt danke ich dem Theologischen Verlag Zürich, voran der Verlagsleiterin Lisa Briner und der Lektorin Dorothea Meyer, für das entgegengebrachte Vertrauen, für die sachkundige Begleitung und für die reibungslose Zusammenarbeit, die das Entstehen dieses Buchs erst ermöglicht haben. Die Verbindung mit diesem Verlag brachte es mit sich, dass ich die Bibelzitate in aller Regel der Zürcher Bibel von 2007 entnommen habe – ohnehin einer der besten deutschen Übersetzungen, die es gibt. Lediglich die Schreibweise der biblischen Eigennamen habe ich den sogenannten Loccumer Richtlinien angepasst, an die ich mich sonst halte (und an die sich auch die meisten anderen Forschenden im deutschsprachigen Raum halten); und den hebräischen Gottesnamen, den die Zürcher Bibel mit HERR wiedergibt, habe ich meist JHWH, gelegentlich Jahwe geschrieben.

Gewidmet sei das Buch der Theologischen Fakultät der Károli-Gáspár-Universität in Budapest als kleiner Dank für die grosse Ehre, die sie mir im November 2024 durch die Verleihung der Ehrendoktorwürde hat zuteilwerden lassen.

Ans Ende dieses Vorworts sei, in durchaus auffordernder Absicht, noch einmal der Titel gesetzt: Die Königsbücher heute lesen!

Wabern bei Bern, im Winter 2025/26
*Walter Dietrich*

# Einführung

Die Reihe «bibel heute lesen» erscheint mir als ein äusserst nützliches Medium zur Vermittlung neuerer und neuester bibelwissenschaftlicher Erkenntnisse an ein breites – nicht nur kirchliches, sondern überhaupt ein an der Bibel interessiertes – Publikum. Die Bibel ist ja längst nicht mehr nur ein kirchliches Buch, sondern das Grundbuch dreier Weltreligionen und darüber hinaus ein grundlegendes Kulturgut jedenfalls der westlichen Gesellschaften. Nicht zuletzt erweist sich das an ihrer Wirkungsgeschichte, die in den Büchern dieser Reihe ja einen beträchtlichen Raum einnimmt. Neben Theologen, speziell Exegetinnen, haben sich Literaten, bildende Künstlerinnen und Komponisten aller Epochen und jeder Couleur – und keineswegs nur gläubig-christliche – mit biblischen Stoffen auseinandergesetzt, sie aufgenommen und umgestaltet für die Menschen je ihrer Zeit.

Im Fall der Königsbücher kommt noch etwas hinzu. Sie schreiben Geschichte, schildern den Verlauf eines bedeutenden Abschnitts der Geschichte Israels und seiner Nachbarvölker. Viele, viele Namen von Königen und Propheten, Orten und Regionen, Stämmen und Nationen kommen vor, dazu eine Menge an Daten und Jahreszahlen, Entwicklungen, Vorgängen und Ereignissen. Die Verfasser der Königsbücher haben mit bewundernswertem Kenntnisreichtum und erheblichem literarischem Geschick eine rund vierhundertjährige Geschichtsepoche überaus lebendig, ja spannend ins Bild gesetzt. Sie taten das nicht in einem trockenen

Berichtsstil, in Form einer ermüdenden Aufreihung von Fakten, sondern in Form kurzweiliger Erzählungen. Hier wird Geschichte geschrieben, indem Geschichten erzählt werden. Zwischen beidem gibt es in den Königsbüchern keine scharfen Grenzen, eins geht ins andere über. Die Vergangenheit ist nicht toter Stoff, sondern (einst) gelebtes Leben. Sie wird beschrieben nicht um der Toten, sondern um der Lebenden willen.

Geschichtenerzählen scheint uns Heutigen etwas völlig anderes zu sein als Geschichtsschreibung. Dabei ist jede Historiografie im Grunde Erzählung – die Frage ist nur, ob gekonnt oder nicht gekonnt, langweilig oder kurzweilig. Die hebräische Erzählkunst wird hoch gerühmt, zu Recht. Es lassen sich kaum packendere Geschichten denken als die von den Erzeltern oder von den Richtern (bzw. Rettern) Israels oder von König David. Doch auch viele der in den Königsbüchern erzählten Geschichten sind von hohem literarischem Rang. Nur ein Abglanz dessen kann im Folgenden sichtbar werden; es geht darum nichts über die Lektüre des Originals. Daher die Aufforderung: Lest nicht nur die Beschreibung dessen, was in den Königsbüchern steht, die Erwägungen darüber, wer wann was in welcher Absicht geschrieben haben mag, lest die Erzählungen selbst, verschafft euch einen eigenen Eindruck davon, wie hier aus Geschichten Geschichte wird.

In der griechischen Bibel tragen die Samuel- und die Königsbücher zusammen den Titel «Königtümer A–D». Das hat seine Logik; denn alle vier Bücher zusammen schildern die Geschichte Israels (und Judas) von der Staatsgründung bis zum Verlust der Staatlichkeit. Dies ist eine fürwahr spannende, ereignisreiche, von vielen Hochs und Tiefs geprägte Epoche. Sie beginnt tastend mit Erzählungen über Samuel und Saul, führt mit David und

Salomo auf steile Höhen und endet in einem doppelten Desaster: dem Untergang der Königreiche Israel und Juda. Doch der biblische Geist war danach nicht besiegt, er lebte fort, blühte sogar erst richtig auf. Die biblische Geschichtsschreibung kam zur Vollendung erst in nachstaatlicher Zeit. Doch ihre Grundlagen wurden in der Königszeit gelegt. Damals schälte sich heraus, was die Identität Israels war – bzw. hätte sein sollen. Es war noch nicht das Judentum, aber die Weichen dorthin wurden damals gestellt – und damit die Weichen in eine nicht endende Geschichte.

Die Königsbücher schildern keine reine Profangeschichte, sondern die Geschichte eines Volks mit seinem Gott. Freilich war dies keine überirdische, rein transzendentale Geschichte. Der Gott Israels begab sich in die geschichtlichen Niederungen hinein, die sein Volk zu durchqueren hatte. Er war kein unwandelbares Prinzip, kein *summum ens*, kein Sein-in-höchster-Vollkommenheit, nein, er ging mit seinem Volk durch die Geschichte, durchlitt sie mit ihm, lenkte sie insgeheim mit ihm als heimlichem Zentrum. So ist das im gesamten Alten und auch im Neuen Testament. Der biblische Glaube ist nicht geschichtslos, sondern in konkreter Geschichte verankert – und darum zugänglich für Menschen, die in konkreten geschichtlichen Umständen leben. So, wie die Menschen es damals machten, so können wir es auch machen (oder machen es besser nicht so). Damals wie heute lebten und leben Menschen nicht in und von zeitlosen Prinzipien, sondern unter speziellen Gegebenheiten und nach zeitgebundenen Maximen. In biblischer Zeit sahen die Menschen Gott in ihr aktuelles Leben verwickelt. Dies nach heute zu übertragen, wird schwierig, ist wohl unmöglich, doch kann die Bibel, können auch die Königsbücher, das Denken in diese Richtung anregen. Möge das vorliegende Buch ein wenig dazu beitragen!

# Die Königsbücher als Ganze

## Die Königsbücher als Erzählliteratur

Die Königsbücher sind durchgehend als *Erzählung* gestaltet – und die hebräische Erzählkunst geniesst nicht von ungefähr einen sehr guten Ruf. Daran haben auch die Königsbücher Anteil. Es lassen sich in ihnen sieben verschiedene Erzählformen unterscheiden.

1. Die kleinste ist die *Aufzählung*, in der eine Menge Informationen auf engstem Raum zusammengestellt wird – wie z. B. die Namen und Ressorts der Minister Salomos oder die Zahl und Lage der Provinzen seines Reichs (1Kön 4) oder die Massnahmen König Joschijas bei der Durchführung einer Kultusreform (2Kön 23).

2. Die nächsthöhere Stufe sind *formelhafte Erzählungen*: nicht so knapp wie Aufzählungen, aber auch nicht viel ausführlicher. Hierzu rechne ich die ständig in ähnlichem Wortlaut wiederkehrenden Anfangs- und Schlussformeln für die einzelnen Könige (z. B. die Anfangsformel in 1Kön 14,21f: «Rehabeam aber, der Sohn Salomos, war in Juda König geworden. Einundvierzig Jahre alt war Rehabeam, als er König wurde, und siebzehn Jahre lang war er König in Jerusalem […]. Und der Name seiner Mutter war Naama, die Ammoniterin.» – In 1Kön 14,31 dann die Schlussformel: «Und Rehabeam legte sich zu seinen Vorfahren, und er wurde bei seinen Vorfahren in der Stadt Davids begraben […]. Und Abijam, sein Sohn, wurde König an seiner Statt.»)

3. Die nächste Erzählform sind *Kurzberichte* historischen Inhalts – z. B. einer über Rehabeam, der zwischen Anfangs- und Schlussformel eingepasst ist und diesen Wortlaut hat: «Und im fünften Jahr König Rehabeams zog Schischak, der König von Ägypten, herauf gegen Jerusalem.» Es folgt eine knappe Schilderung der von Schischak vor allem aus dem Jerusalemer Tempel geraubten Gegenstände aus Edelmetall. Und dann: «Und statt ihrer fertigte König Rehabeam Schilde aus Bronze an und übergab sie den Obersten der Leibwache, die den Eingang zum Haus des Königs bewachten. Und die Leibwächter trugen sie immer, wenn der König ins Haus JHWHs ging, danach aber brachte man sie zurück in die Wachstube der Leibwächter» (1Kön 14,27f). Das ist nicht gerade eine schöne, aber eine sachliche und informative Erzählung, eine Geschichtsnotiz sozusagen. Davon wimmelt es in den Königsbüchern, und nicht zuletzt das verleiht ihnen den Anstrich nüchterner Geschichtsschreibung.

4. Es gibt aber auch ausgesprochen kunstvolle, *abgerundete Erzählungen* von grosser Schönheit und Tiefe. Auch hier führe ich nur eines von vielen möglichen Beispielen an, die Geschichte von der sogenannten Reichsteilung in 1Kön 12. Da erfährt man, dass der schon erwähnte König Rehabeam die Fronlasten, die sein Vater Salomo den Stämmen Israels auferlegt hatte, wesentlich verschärfte, woraufhin es zu einer Protestversammlung kam, in der die Stämme vom König forderten, er solle diese Massnahmen zurücknehmen. Rehabeam beriet sich zuerst mit den älteren Ratgebern, die schon Salomo gedient hatten, und die rieten ihm, wenigsten ein bisschen nachzugeben und so den Druck aus dem Kessel zu nehmen. Doch die jüngeren Ratgeber, seine Altersgenossen, waren Heisssporne und rieten ihm, die Forderungen

schroff und beleidigend, ja mit obszönen Redensarten zurückzuweisen. Das tat Rehabeam. Es wird der markante Satz zitiert: «Hat mein Vater [Salomo] euch mit Peitschen gezüchtigt, so werde ich euch mit Skorpionen züchtigen» (1Kön 12,14). Die Antwort folgt auf dem Fuss (1Kön 12,16): «Und ganz Israel sah, dass der König nicht auf sie hörte; da gab das Volk dem König die Antwort: Welchen Anteil haben wir an David?», das heisst, wir nehmen die Herrschaft des Davidhauses (Salomo war ein Sohn, Rehabeam ein Enkel Davids) nicht mehr hin. Als Rehabeam auf diese Selbstständigkeitserklärung mit der Entsendung des Fronministers reagiert (sozusagen grober Keil auf groben Klotz), steinigt die wütende Menge diesen verhassten Repräsentanten eines verhassten Regimes. Das ist eine dramatische, dabei aber wohlgestaltete und äusserst eindrucksvolle Einzelerzählung, wie es in den Königsbüchern noch viele gibt (insbesondere solche über die Propheten Elija und Elischa).

5. Die nächstgrössere Form ist die *Novelle*, eine Grosserzählung, in der mehrere Episoden miteinander verbunden sind, die alle um eine bestimmte Thematik kreisen. Ein besonders eindrucksvolles Beispiel ist die Jehu-Novelle in 2Kön 9–10, die ich jetzt nicht nacherzählen möchte, deren Lektüre ich aber gern allen Interessierten empfehle. Man bekommt da, über zwei biblische Kapitel hinweg, einen Staatsstreich vor Augen gemalt: mit Krieg, Königsmorden, Ermordung auch einer Königsmutter und einer vielköpfigen Königsfamilie sowie der Auslöschung einer ganzen Religionspartei in Israel. Das Blut trieft aus allen Zeilen dieser Novelle, sie ist höchst spannend und kunstreich erzählt, zieht Lesende unweigerlich in ihren Bann – und verweigert sich doch jeder Erwartung an eine Stellungnahme des Erzählers, an eine Bewertung und Beurteilung der Ereignisse. Da läuft ein

grundstürzendes Geschehen unaufhaltsam ab, wie angetrieben von einer dunklen Schicksalsmacht.

6. Eine noch grössere Erzählform der Königsbücher sind *Erzählzyklen*, die sich aus mehreren, locker miteinander verbundenen Einzelerzählungen zusammensetzen und als solches Erzählensemble einen eigenen Reiz entfalten. Solche Zyklen haben in den Königsbüchern in der Regel Propheten zur Hauptfigur, aber auch die Geschichten von König Salomo (oder doch ein grosser Teil davon, in 1Kön 3–11) könnten als «Erzählkranz» oder «Erzählzyklus» gewertet werden. Ich nehme denjenigen über den Propheten Elija als Beispiel. Er ist offensichtlich über mehrere Stufen hinweg zustande gekommen. Die älteste Stufe handelt von Elija als einem Wundermann, der staunenswerte Machttaten vollbringt (von der wunderbaren Vermehrung von Speisen bis hin zu einer Totenerweckung), der auch die Eigenschaft hat, überall und nirgends zu sein: unauffindbar, wenn er gesucht, und plötzlich da, wenn er nicht erwartet wird. Dieser wunderstarke Gottesmann avanciert zum Vorkämpfer für die Jahwe-Religion und gegen den Baalkult, also zum Meinungsführer in einer religionspolitischen Auseinandersetzung, in der er förmlich Feuer vom Himmel holt. Eine weitere Erzählung macht ihn zum Vorkämpfer für soziale Gerechtigkeit gegen unsaubere Machenschaften des Königshauses. Und schliesslich wird Elija einer Gottesbegegnung gewürdigt, in der er Gott als betont sanft – und dabei doch stark! – erlebt. Am Ende wird er einer von nur zwei Menschen im Alten Testament, die nicht gestorben, sondern lebendig in den Himmel aufgefahren sind. Aus vielen Facetten entsteht so das Porträt einer ausserordentlich kraftvollen und gleichwohl empfindsamen Persönlichkeit. Das in den Elija-Geschichten gezeichnete Prophetenbild kann es mit den Porträts der ganz

grossen Persönlichkeiten der Bibel – Mose, David, Jeremia, Jesus – durchaus aufnehmen.

7. Die allergrösste Erzählform der Königsbücher ist das sogenannte *«Erzählwerk»*, das sich aus mehreren Zyklen zusammensetzt. Mir scheint, die Zyklen von Elija und Elischa hätten zusammen mit der Novelle über Jehu ein zusammenhängendes Erzählwerk gebildet, das von 1Kön 17 bis 2Kön 10 reicht. Sein Thema ist der «Kampf Jahwes gegen Baal».

So zeigen die Königsbücher eine bemerkenswerte erzählerische Vielfalt. Ihre Lektüre wird nie langweilig, denn kaum meint man vom einen genug gelesen zu haben, kommt etwas ganz anderes. Und all diese Erzählfacetten sind an einem chronologischen Faden aufgereiht. Aus mannigfachen *Geschichten* entsteht so *Geschichte*, weshalb sowohl literarisch als auch historisch interessierte Menschen in den Königsbüchern auf ihre Kosten kommen.

## Die Königsbücher im biblischen Kanon

Die Königsbücher sind Teil des alttestamentlichen Kanons. Da gilt es nun zu differenzieren. Es gibt nämlich *zwei* alttestamentliche Kanons: den hebräischen und den griechischen. In beiden stehen ganz am Anfang die fünf Bücher Mose, der Pentateuch, jüdisch: die Tora. Hier werden die Regeln des Zusammenlebens festgelegt: der Menschheit und des Volks Israel.

Im *hebräischen Kanon* folgt darauf der Kanonteil Nebi'im, «Propheten», unterteilt in «Vordere Propheten» und «Hintere Propheten». Die Hinteren Propheten enthalten eigentliche Prophetenbücher: mit Reden von Propheten wie Jesaja, Jeremia u. a. Die Vorderen Propheten *erzählen* von Propheten – doch nicht nur von

Propheten, sondern vom gesamten Volk Israel. In den Büchern Josua, Richter, Samuel und Könige spielen Propheten (und auch Prophetinnen) eine zunehmend wichtige Rolle – aber auch ganz andere Menschen: sagenumwobene Kriegshelden der Frühzeit, wichtige Heerführer und Generäle, Priester an Landheiligtümern oder am Königstempel von Jerusalem, vor allem aber Könige (auch Königinnen), Prinzen und Prinzessinnen. Gegen Ende dieser grossen Geschichtserzählung stehen die Könige so sehr im Vordergrund, dass der Name «Königsbücher» voll gerechtfertigt ist; gleichwohl zählen diese zu den «Vorderen Propheten».

In der *griechischen Bibel,* der Septuaginta, tragen die beiden Samuelbücher bereits die Überschrift «Königtümer A und B» und die beiden darauffolgenden Königsbücher dann «Königtümer C und D». Da gibt es also *vier* Königsbücher, und diese stehen nicht in einem Kanonteil «Propheten», sondern in einem eigenen Kanonteil «Geschichtsbücher».

Doch der hebräische wie der griechische Kanon sind so angeordnet, dass die auf die Tora folgenden Bücher gewissermassen darstellen, wie die Tora im konkreten Leben, in der tatsächlichen Geschichte Israels sich ausgewirkt hat; wie Israel sie umgesetzt, die Gebote Gottes eingehalten hat – oder nicht. Auf diese Weise erscheint die in der Bibel erzählte Geschichte Israels als das Verwirklichungsfeld der Tora, und die Königsbücher erzählen im Speziellen davon, wie die Könige sich ihr gegenüber bewährt – oder wie sie versagt haben. In die Königsgeschichte ist die Geschichte der Prophetie hineinverwoben, sodass beim Lesen der Eindruck aufkommt, dies beides seien die bestimmenden Elemente der Geschichte gewesen: die politischen Führer, die Könige, einerseits, die Propheten als geistliche Führer, ja als Kontrolleure der Könige andererseits.

Die Königsbücher haben zusammen 47 Kapitel, das erste 22, das zweite 25. Zusammengenommen gehören sie damit zu den umfangreichsten Büchern der Bibel. (Zum Vergleich: Das Josuabuch hat 24, das Matthäusevangelium wie auch die Apostelgeschichte 28, der Römerbrief 16 Kapitel; noch länger sind das Jesajabuch mit 66 oder die Samuelbücher mit 55 oder das 1. Buch Mose, die Genesis, mit 50 Kapiteln – eine vergleichbar umfangreiche neutestamentliche Schrift gibt es nicht.)

Eigentlich sind die Königsbücher *ein* Buch. Dieses wurde wahrscheinlich aus rein pragmatischen Gründen unterteilt: eine antike Buchrolle mit beiden Büchern wäre einfach zu dick und zu schwer gewesen. (Ähnlich ist es mit der Aufteilung in das 1. und 2. Samuelbuch.)

Der Einschnitt zwischen 1. und 2. Könige ist nicht sehr glücklich gelegt; er unterbricht die Elija-Erzählungen, die bis 2Kön 1 oder 2 reichen (sowie die Darstellung einer bestimmten Königsdynastie in Israel, der Omriden, die von 1Kön 16 bis 2Kön 10 präsent ist). Rein quantitativ sind aber das 1. und das 2. Königsbuch ungefähr gleich lang – das wird denn auch der massgebliche Grund für die Zäsur gerade nach 1Kön 22 gewesen sein.

Sieht man einmal von dieser Unterteilung ab, lässt sich der in den Königsbüchern behandelte Stoff auf drei grosse Abschnitte verteilen (ich nenne sie jetzt einmal A, B und C). Die Seitenteile A und C sind schmaler, der Mittelteil B sehr ausladend (ein triptychonartiger Aufbau also). Die Inhalte der drei Teile seien knapp vorgestellt.

*A) Die Zeit der Doppelmonarchie Juda/Israel (1Kön 1–12)* mit folgenden Einzelelementen: Salomo übernimmt von David das in Personalunion verknüpfte Doppelkönigtum Israel (im Norden) und Juda (im Süden) und schaltet zur Konsolidierung seiner Macht diverse Gegner aus (1Kön 1–2); er installiert seine Herrschaft (1Kön 3–5); er baut und weiht den Jerusalemer Tempel (1Kön 6–8); er vergrössert und verspielt seine Erfolge (1Kön 9–11); er muss knapp nicht mehr miterleben, wie sich der Norden vom Süden abspaltet (1Kön 12).

*B) Die Zeit der getrennten Königreiche Juda und Israel (1Kön 13–2Kön 17)* mit folgenden Einzelelementen: Die beiden Reiche Israel und Juda ringen um Identität und Vorrang (1Kön 13–16); der Prophet Elija kämpft für Jahwe und gegen die Omriden (1Kön 17–19; 21; 2Kön 1); Propheten agieren in Aramäerkämpfen (1Kön 20; 22); der Prophet Elischa betätigt sich als Wundertäter und Politiker (2Kön 2–8); Jehu (im Norden) und Joasch (im Süden) putschen gegen die Omridendynastie (2Kön 9–10 bzw. 11); Juda und Israel geraten in aussenpolitische Turbulenzen, Israel geht unter (2Kön 12–17).

*C) Die Zeit des allein fortbestehenden Königreichs Juda (2Kön 18–25)* mit folgenden Einzelelementen: Juda übersteht dank Jesaja und Hiskija die Assyrergefahr (2Kön 18–20); Juda erlebt seinen schlimmsten und seinen besten König, Manasse und Joschija (2Kön 21–23); Juda wird in zwei Anläufen von Babylon unterworfen und ausgelöscht – mit einem abschliessenden Hoffnungsschimmer in Gestalt der Begnadigung des deportierten Königs Jojachin (2Kön 24–25).

## Die Epoche des Königtums als Teil der Geschichte des Volks Israel

Die in den Königsbüchern geschilderte Königszeit reicht vom mittleren 10. bis ins frühe 6. Jahrhundert, umfasst also knapp 400 Jahre – und ist doch nur *eine* Epoche der Geschichte Israels. Israel kam die längste Zeit seiner Existenz *ohne* eigene Könige und eigenen Staat aus. Man kann, sehr grob, die folgenden Epochen unterscheiden: die vorstaatliche Zeit (bis etwa 1000 v. Chr.), die staatliche Zeit (bis 587 v. Chr.), die Zeit der persischen, griechischen und römischen Vorherrschaft (vom 6. Jahrhundert vor bis ins 1. Jahrhundert nach Christus – mit einer kurzen Phase erneuter Eigenstaatlichkeit unter den Hasmonäerkönigen), die Zeit der Zerstreuung (bis 1948) und die Zeit der neuen Staatlichkeit (bis jetzt und, so Gott will, in alle Zukunft).

Die Königszeit ist somit, aufs Ganze gesehen, keine besonders lange Zeitspanne in der Geschichte des israelitischen und jüdischen Volks. Es ist aber ein wichtige, eine für Israel, für die Bibel und für das biblische Denken formative Zeit.

Grundlegend für die gesamte biblische Geschichte ist die Unterscheidung zwischen dem nördlichen Teil (oft mit dem spezifischen Namen «Israel») und dem südlichen Teil (meist genannt «Juda»). Die Trennlinie verläuft knapp nördlich von Jerusalem. Die Zweiteilung des Volks der Bibel hat sich schon früh, in tief vorstaatlicher Zeit, angebahnt: Da gab es einerseits die sogenannten Nordstämme (bis zu zehn an der Zahl), die eine eigene Geschichte der Sesshaftwerdung sowie der Stammes- und der Staatsbildung hatten, und andererseits das Gebiet von Jerusalem an südwärts, das eine ganz andere Identität aufwies: viel mehr nomadische Elemente, keine ausgeprägte Stammesbildung, vielmehr eine Zusammenführung eigentlich erst in der Königszeit (durch David). Der Norden war dem Süden bevölkerungsmässig, wirtschaftlich, militärisch und politisch *weit* überlegen, in der geschichtlichen Entwicklung um etwa ein Jahrhundert voraus. Aber – Ironie der Geschichte – das Königreich Israel existierte nur bis 722 v. Chr., Juda dagegen bis 587 v. Chr. – und das bedeutet: Was an Nordreichstraditionen erhalten blieb und schliesslich in die Bibel gelangte, nahm seinen Weg über den viel kleineren und sehr spezifisch geprägten Süden. Man könnte von einer judäischen (bzw. später jüdischen) «Engführung» der biblischen Tradition reden, durch die der Grossteil der Bevölkerung von der Traditionsbildung ausgeschlossen blieb. Gegen diese Tendenz gibt es allerdings zwei Gegengewichte: Erstens gelangten – wenn auch auf dem Weg über Juda – durchaus auch (nord)israelitische Traditionsstoffe in die spätere Bibel. Zweitens waren die Menschen im Norden nach 722 v. Chr. nicht verschwunden, sondern lebten grösstenteils weiterhin in dem Gebiet zwischen Jerusalem und dem Hermongebirge. Ihr politisches und geistiges Zentrum war Samaria, die frühere Königsstadt. Die Menschen, die sich auf sie ausrichteten, waren die aus dem Neuen Testament wohlbekannten Samaritaner, die bis heute als eigene Religionsgemeinschaft existieren (um die Stadt Nablus herum). Die gesamte nachexilische Geschichte über gibt es die Zweiteilung (bis hin zur Feindschaft) zwischen Samaritanern und Judäern bzw. Juden. Die Samaritaner haben ihre eigene hebräische Bibel, die nur aus dem Pentateuch, den fünf Büchern Mose, besteht. Die weiteren Kanonteile (Propheten- und/oder Geschichtsbücher) haben bei ihnen keinen kanonischen Rang.

## Die Königsbücher und die Geschichte

Die beiden Königsbücher schildern, wie bereits festgestellt, die Geschichte Israels und Judas vom mittleren 10. bis ins frühe 6. Jahrhundert. Wie kommt man auf diese zeitliche Festlegung? Altisrael hatte nicht in diesem Sinn einen Kalender, schon gar keinen, dessen Nullpunkt in nachalttestamentlicher Zeit gelegen hätte. Andererseits gibt es in den Königsbüchern *sehr viele Jahreszahlen*: nicht solche aus einem absoluten Kalender, sondern *relative* Zahlen, z. B. 1Kön 15,1f: «Und im achtzehnten Jahr König Jerobeams, des Sohns von Nebat, wurde Abijam König über Juda. Drei Jahre lang war er König in Jerusalem.» In diesem Stil sind sämtliche israelitischen und judäischen Könige kalendarisch miteinander verlinkt – nur dass man keine absoluten Jahreszahlen genannt bekommt. Die relativen Zahlen aber wirken durchaus zuverlässig, nicht etwa geschätzt (und auf- oder abgerundet). Einzig für die allerersten Könige – Saul, David und Salomo – scheinen die biblischen Autoren die Regierungszeiten pauschal angegeben zu haben, weil sie nichts Genaueres wussten: x Jahre für Saul (da hatte man offenbar überhaupt keine Anhaltspunkte), 40 Jahre für David und 40 Jahre für Salomo (weil diese beiden Könige viel erlebt und bewirkt haben).

Von dann an aber folgen nicht runde, sondern offenbar exakte Zahlen. Nur selten kommt es noch zu kleineren Unklarheiten, etwa infolge von Ko-Regentschaften: Da lebt ein König noch, ist aber krank und nicht mehr regierungsfähig, sodass der nächste König schon mitregieren muss – sind dann die Regierungszahlen des ersten Königs bis zum Beginn der Ko-Regentschaft oder bis zu seinem Tod gerechnet, und schliessen die des zweiten die Ko-Regentschaft ein oder nicht? Kalkuliert man solche kleinen Unsicherheiten ein und zieht man die 80 Jahre der Frühen Königszeit ab, dann kommt man mit sämtlichen Königsdaten, zusammengerechnet, auf etwa 350 Jahre.

So weit so gut, aber was bedeutet das in absoluten Zahlen? Da kommen der Bibelwissenschaft Nachbarwissenschaften zu Hilfe: Es gibt Länder um Israel/Juda herum, von denen man bereits sehr genaue Geschichtsabläufe ermittelt hat – insbesondere Babylonien, Assyrien und Ägypten. In diesen Grossreichen wurden ebenfalls Annalen geführt, dazu liessen bestimmte Herrscher einzelne ihrer Taten in Stein meisseln, sodass man von dort her ein Gefüge absoluter Zahlen für die Geschichte des Vorderen Orients hat. Man kann etwa die Regierungszeiten von Pharaonen-Dynastien und von einzelnen Pharaonen aufs Jahr genau datieren, und man weiss ebenso, von wann bis wann ein assyrischer oder ein babylonischer Grosskönig geherrscht hat. Wenn nun Ereignisse und Personen, die in altorientalischen Inschriften oder Annalen vorkommen, auch in den Königsbüchern erwähnt werden, dann bietet sich die Möglichkeit, die relative Chronologie der Bibel mit der ermittelten absoluten Chronologie des Vorderen Orients zu korrelieren.

Hier die wichtigsten Beispiele, chronologisch rückwärts angeordnet:

– In der sogenannten «Chronik der chaldäischen Könige» sind die Feldzüge des Babylonierkönigs Nebukadnezar in den Jahren 607 bis 604 und 601 bis 598 v. Chr. akkurat verzeichnet. Da steht zu lesen: «Im 7. Jahr [dieses Königs, d. h. 598 v. Chr.], im Monat Kislew [d. h. ungefähr im Dezember], bot der König von Akkad [so die Selbstbezeichnung der Babylonierkönige] seine Truppen auf und zog nach Hattu [mesopotamischer Name für Syrien-Palästina]. Die Stadt von Juda [gemeint ist Jerusalem] griff er an. Am 2. Adar [d. h. im frühen März] eroberte er die Stadt. Den König nahm er gefangen. Einen König nach seinem Herzen setzte er über sie. Schweren Tribut nahm er mit und brachte ihn nach Babel.» Eben diese Ereignisse werden in 2Kön 24 beschrieben. Dort wird eine förmliche Eroberung Jerusalems nicht berichtet, doch erfährt man die Namen der betreffenden judäischen Könige: der gefangengenommene heisst Jojachin, der neu eingesetzte Mattanja, umbenannt in Zidkija. Deren relative Zahlen sind in 2Kön 24 vermerkt – in den Kapiteln davor die Zahlen von Jojachins Vorgänger Jojakim und von dessen Vorgänger Joschija und von dessen Vorgänger Manasse.

– Der Name Manasses kommt in einer Liste von Vasallen vor, die der Assyrerkönig Assarhaddon hat anfertigen lassen; Assarhaddon herrschte von 681 bis 669 v. Chr. – die nächste Korrelation.

– Assarhaddons Vorgänger hiess Sanherib (705–681). Sanherib hat in seinen Annalen einen Feldzug minutiös schildern lassen, den er im Jahr 701 v. Chr. geführt, in dessen Verlauf er die judäische Festung Lachisch erobert und der ihn bis vor die Tore Jerusalems geführt hat. Die Eroberung Lachischs liess er in einem gewaltigen, viele Meter langen Steinrelief verewigen, das einst den Zugang zu seinem Palast in Ninive zierte (und allen Besuchern einen Schrecken einjagen sollte); man kann es jetzt im British Museum in London bestaunen. Die Belagerung Jerusalems beschreibt Sanherib auf einem von Archäologen gefundenen «Tonprisma» so: Den König Hiskija «schloss ich gleich einem Käfigvogel in seiner Residenz Jerusalem ein. Schanzen warf ich gegen ihn auf, das Hinausgehen aus seinem Stadttor verleidete ich ihm.» Es folgt die Nachricht von Hiskijas Kapitulation und der Entrichtung schwerster Tribute u. a. m. Eben diese Vorgänge werden auch in 2Kön 18(–20) beschrieben: teilweise in völliger Übereinstimmung mit Sanheribs Darstellung, teils aber in Überhöhung zu einer wunderhaften Befreiung der Stadt durch das Eingreifen Gottes.

- Die nächste Korrelation ist rein archäologischer Natur. In der Bibel wird erwähnt, dass Hiskija den Schiloach-Tunnel bauen liess (der das Wasser der Gihon-Quelle unter dem Ofel-Hügel hindurch in die Jerusalemer Weststadt leitete – und den man bis heute begehen kann). In einem Museum in Istanbul befindet sich eine Bauinschrift, die ursprünglich über dem Westaustritt des Tunnels angebracht war und die die beim Bau des Tunnels aufgewandte Ingenieurskunst rühmt. Leider enthält die Inschrift keinen Königsnamen – aber sie lässt sich paläografisch eindeutig in die Zeit um 700 v. Chr. datieren.
- Noch einen Schritt zurück, zum Vorgänger Sanheribs, König Sargon II. (722–705): In dessen Annalen ist die Eroberung von Samaria erwähnt, die sich im Jahr 722 v. Chr. zutrug. Sie wird auch in 2Kön 17 beschrieben.
- Noch weiter zurück: 2Kön 16 schildert einen Krieg, den während der Regierungszeit des Davididen Ahas die Länder Israel und Aram/Syrien gegen Juda geführt haben, um dieses in einen antiassyrischen Pakt zu zwingen; Ahas aber, wird da erzählt, warf sich hilfesuchend in die Arme des damaligen assyrischen Königs Tiglatpileser III. (745–727), der das gegen ihn gerichtete Bündnis prompt zerschlagen habe. In seinen eigenen Annalen vermerkt dieser Tiglatpileser, er habe Bit-Humria, das «Haus Omri» – eine leicht anachronistische

Bezeichnung des Königreichs Israel – besiegt. Und vom Propheten Jesaja, in den Kapiteln 7 und 8, gibt es mehrere Bezugnahmen auf den syrisch-efraimitischen Krieg – und wie Jesaja König Ahas von dem Hilfeersuchen an Tiglatpileser abzubringen versuchte.

– Zwei weitere Korrelationen führen in die Zeit um 840 v. Chr. Da rühmt sich in einer östlich des Jordan gefundenen Steininschrift der Moabiterkönig Mescha, Israel besiegt zu haben; in 2Kön 3 wird von einem zuerst erfolgreichen, am Ende aber erfolglosen Feldzug Israels gegen Moab berichtet. Und in einer anderen, in der nördlichen israelitischen Grenzstadt Dan gefundenen Stele brüstet sich der Aramäerkönig Hasaël, die Könige Ahasja von Juda und Joram von Israel getötet zu haben; in 2Kön 9 wird berichtet, dass der Putschgeneral Jehu dies getan habe. (Hier lässt sich nicht mehr sicher klären, wer der wirkliche Königsmörder war: der Nachbarkönig oder der eigene Putschist – oder vielleicht Letzterer im Benehmen mit dem Ersteren.) Dieser Umsturz lässt sich aufgrund archäologischer Argumente wie auch der relativen Königsdaten der Bibel recht sicher ins Jahr 845 v. Chr. datieren.

Damit befinden wir uns in der Mitte des 9. Jahrhunderts. Bis hierhin haben uns die Zahlenangaben der Königsbücher sehr zuverlässig geführt. Von da an zurück bis Salomo gibt es gerade noch fünf judäische Könige, mit jeweils wieder exakten Zahlen (nämlich 5, 17, 40, 3 und 17 Herrschaftsjahren). Auf diese Weise gelangt man aufs Jahr 926 v. Chr. als Datum der sogenannten Reichsteilung, und das heisst: der Abkehr des Nordens von der Davididenherrschaft und der Gründung eines eigenen Königreichs Israel.

Noch einmal zusammengefasst: Das chronologische System der Königsbücher führt von 587 v. Chr. über dreieinhalb Jahrhunderte zurück bis zur sogenannten Reichsteilung. Diese relative Chronologie lässt sich mittels Korrelation mit altorientalischen Texten auch absolut-chronologisch festmachen. Gelegentlich liefern archäologische Funde eine zusätzliche Absicherung. Demnach bieten die Königsbücher eine zwar nicht vollständige, in vielen Punkten aber erwiesenermassen korrekte Berichterstattung von der Zeit des Königtums in Israel und Juda. Wir haben es demnach mit echter Geschichtsschreibung zu tun – allerdings einer Geschichtsschreibung eigener Art, die nicht in jedem Punkt den Erwartungen heutiger Geschichtswissenschaft entspricht. Dafür ist sie kurzweilig zu lesen und enthält auch Züge, die moderne Historiker und Historikerinnen eher übergehen würden (z. B. die mögliche Mitwirkung Gottes an der Geschichte). Doch auch so sind die Königsbücher eine ungemein wertvolle Geschichtsquelle.

## Die Textgeschichte der Königsbücher

Die meisten deutschen Bibelübersetzungen gehen von der hebräischen Textform der Königsbücher aus, wie sie in einigen grossen Handschriften des frühen 2. Jahrtausends n. Chr. festgehalten ist. Sie repräsentieren den sogenannten masoretischen Text, weil sie durch die Hände der Masoreten gegangen sind, einer Gelehrtenschule, die u. a. für die Vokalisierung des bis dahin unvokalisierten Texts sowie eine Vielzahl textkritischer Bemerkungen und Kommentare verantwortlich ist. Generell ist ihr Text sehr sorgfältig weiterüberliefert worden und darum gut erhalten, d. h., er weist nur wenige schwere Brüche oder offensichtlich fehlerhafte Stellen auf, sodass er prinzipiell mühelos übersetzt werden kann. Kleinere Abweichungen zwischen einzelnen Handschriften oder kleinere Textversehen lassen sich in aller Regel einfach erklären bzw. beheben.

Die Textgeschichte wird dadurch kompliziert, dass es neben der hebräischen auch eine griechische Textüberlieferung gibt, genannt Septuaginta: das lateinische Wort für «siebzig», weil gemäss einer ätiologischen Legende das gesamte griechische Alte Testament auf Geheiss eines ptolemäischen Herrschers von 70 (genauer: von 72) Gelehrten in Alexandria angefertigt worden ist (was aber nicht der historischen Wirklichkeit entspricht, diese war komplizierter). Die Zeugen für den Septuaginta-Text lassen sich in mehrere Handschriftenfamilien unterteilen, deren wichtigste die lukianische, die vatikanische und die alexandrinische sind. Generell bemühten sich die Übersetzer – nicht etwa Heiden oder Christen, sondern Juden – um eine möglichst wortgetreue Wiedergabe des ihnen vorliegenden hebräischen Texts. Darum ist es durchaus von Gewicht, wenn es zwischen der klassisch-hebräischen und der griechischen Texttradition doch immer wieder, z. T. erhebliche Differenzen gibt. Diese sind dann nämlich nicht auf eine betont freie Übertragungstechnik der Übersetzer zurückzuführen, sondern auf hebräische Vorlagen, die von der masoretischen Textversion abweichen. Daraus ergibt sich dann die Frage, welcher hebräische Text der ältere ist: der von den Masoreten bearbeitete oder der aus der Septuaginta zu erschliessende.

Neben zahllosen kleinen Abweichungen, die einzelne Wörter oder kurze Passagen betreffen, sind es vor allem fünf grosse Überschüsse, die der griechische Text der Königsbücher gegenüber dem hebräischen aufweist. Drei davon befinden sich innerhalb der Salomo-Überlieferung, wie sie in 1Kön 1–12 vorliegt. Die ersten beiden bestehen aus 11 Zusatzversen hinter 1Kön 2,35 und weiteren 11 Versen hinter 1Kön 2,46. Sie bieten inhaltlich nichts, was nicht auch im masoretischen Text (und den diesem entsprechenden Septuaginta-Text) vorzufinden wäre: Salomo war unendlich weise, und er heiratete eine ägyptische Prinzessin. Er liess Zehntausende Steinbrucharbeiter und Lastenträger für sich arbeiten. Er fertigte wichtige Kultgeräte für den Gebrauch in dem von ihm erbauten Jerusalemer Tempels an, und er veranstaltete regelmässig grosse Opferfeste in diesem Tempel. Er betätigte sich in herausragender Weise als Städtebaumeister. Er betrieb einen gewaltigen Aufwand zur Ernährung eines riesigen Hofstaats. Er sorgte dafür, dass ganz Israel und Juda in Frieden und Wohlstand leben konnten. Er gebot über einen grossen Stab von Spitzenbeamten usw. All dies lässt sich, wie gesagt, auch in 1Kön 4, 5 und 10 lesen. Offenbar haben da Tradenten Zusammenzüge vorgenommen, die mehr oder weniger versehentlich in den hebräischen Text gerieten, welchen die Septuaginta-Übersetzer vorfanden und ins Griechische übertrugen.

Bedeutsamer ist der dritte umfangreiche Zusatz, bestehend aus 24 Versen und platziert hinter der Erzählung von der Reichsspaltung 1Kön 12. Im Grunde wird hier diese gesamte Erzählung ein zweites Mal dargeboten, versehen allerdings mit nicht unerheblichen Zusatzinformationen gegenüber der ersten Version. Am Anfang steht eine klassische Eingangsformel für Salomos Nachfolger Rehabeam (griechisch Roboam): 16-jährig sei er bei Herrschaftsantritt gewesen, und zwölf Jahre habe er regiert. Seine Mutter sei eine Nachfahrin des Ammoniterkönigs Nahasch gewesen (der aus 1Sam 11 und 2Sam 10 bekannt ist). Sodann wird sein späterer Gegenspieler vorgestellt: Jerobeam, angeblich Sohn einer Hure, Fronaufseher unter Salomo, von diesem aber wegen aufrührerischer Umtriebe nach Ägypten vertrieben, vom dortigen Pharao zuvorkommend behandelt – bis hin zur Verheiratung mit einer Pharaonentochter namens Ano. Darauf folgen Kurzversionen der grossen Erzählungen von 1Kön 14 (dem Zusammenprall Jerobeams mit dem Propheten Ahija) und 1Kön 11 (der Einsetzung Jerobeams durch eben diesen Propheten, der hier aber Samaias – hebräisch wohl Schemaja, vgl. 1Kön 12,22 – heisst) sowie der eigentlichen Reichsteilungsgeschichte 1Kön 12. Auch dies ist offensichtlich ein Zusammenzug, aber nicht einer einzelnen Erzählung, sondern sämtlicher Überlieferungen über Rehabeam und Jerobeam. Die Wissenschaft hat von einem «Midrasch» gesprochen, einer jüdischen Nach- oder Neuerzählung eines vorgegebenen biblischen Stoffs.

Im Lauf der Jahrhunderte und Jahrtausende blieb es nicht bei der Übertragung des Alten Testaments ins Griechische, es folgten lateinische, syrische, armenische, äthiopische bzw. koptische Übersetzungen, ab dem Mittelalter auch solche in europäische Sprachen, etwa ins Deutsche, und zwar nicht erst durch Luther, sondern schon durch Gelehrte geraume Zeit vor ihm. Allerdings handelte es sich hier, da der Buchdruck noch nicht erfunden war, um handgeschriebene Unikate, begreiflicherweise nur von Fürsten oder Königen finanzierbar. Solche Bibelübersetzungen wurden dann oft prächtig illustriert; erwähnt sei hier nur die deutschböhmische Wenzelsbibel oder die spanische Albabibel oder die französische Bible moralisée (bei der freilich die Illustrationen die Hauptsache ausmachen, während der altfranzösische Text in Kolumnen an der Seite mitläuft und in stark verkürzter, oft allegorischer Weise alt- und neutestamentliche Überlieferungen nebeneinander bzw. gegeneinander stellt).

Wie die christliche Texttradition, so setzte sich auch die jüdische fort. Sie hielt freilich am masoretischen Text fest, reicherte diesen aber – etwa in den berühmten Rabbinerbibeln – um Textauszüge aus dem Talmud und aus der mittelalterlich-jüdischen Exegese an.

Ganz am Ende der Entwicklung stehen die modernen Übersetzungen etwa ins Englische oder ins Neuhochdeutsche (und in mittlerweile Hunderte andere Sprachen). Sie stützen sich allermeist auf den masoretischen Text, manchmal mit Korrekturen aufgrund von Abweichungen der Septuaginta. Und neuerdings gibt es auch eine eigene deutsche Übersetzung des griechischen Texts, die «Septuaginta deutsch» (mit einem Text- und einem deutlich umfangreicheren Kommentarteil). Die meisten wissenschaftlichen Kommentare bieten als Grundlage ihrer Auslegung eigene, textkritisch fundierte und annotierte Übersetzungen. So hat sich der anfangs nur aus ein oder zwei Stämmen bestehende Baum der Textgeschichte – auch der Königsbücher – verzweigt in Tausende kleiner Äste. Es ist erstaunlich, wie die Wurzeln dieses Baums letztlich doch ein und denselben Saft bis in die äussersten Spitzen treiben.

## Die deuteronomistische Redaktion der Königsbücher

Die ersten Könige, die in den Königsbüchern erwähnt werden, sind David und Salomo – sie lebten im 10. Jahrhundert v. Chr. –, die letzten heissen Jojachin und Zidkija. Jojachin regierte nur kurz, drei Monate, ehe ihn die Babylonier bei einem Feldzug im Jahr 598 v. Chr. mit ins Exil nahmen. Zidkija regierte von 597 bis 587; da wurde Jerusalem gewaltsam erobert und völlig zerstört, die Zeit des sogenannten babylonischen Exils begann. Das allerletzte, in 2Kön 25,27–30 berichtete Ereignis liegt sogar noch etwas später. Wir lesen da: «Und im siebenunddreissigsten Jahr nach der Verbannung Jojachins [von 598 an gerechnet heisst das: um das Jahr 562], des Königs von Juda, im zwölften Monat, am Siebenundzwanzigsten des Monats [so exakt ist das festgehalten], begnadigte Ewil-Merodach, der König von Babel, in dem Jahr, als er König wurde, Jojachin, den König von Juda und entliess ihn aus dem Kerker.»

Die Königsbücher enden nicht mit der Katastrophe von 587 v. Chr., sondern mit einem hoffnungsvollen Ereignis ein Vierteljahrhundert später. Der grosse Erobererkönig Nebukadnezer, der Zerstörer Jerusalems, ist gestorben, sein Sohn und Nachfolger Amel-Marduk [so sein richtiger Name] begnadigt den seit Jahrzehnten gefangen gehaltenen vorletzten König von Juda, gewährt ihm sogar eine Art Pension – und schon begeben sich die Gedanken auf Wanderschaft: Dieser Davidide Jojachin hatte, wie man aus dem Buch der Chronik weiss, mehrere Söhne, also lebte das Davidhaus weiter. Würden seine Mitglieder und mit ihm die anderen jüdischen Exulanten – sie zählten nach Tausenden, vielleicht Zehntausenden – eines Tages in die Heimat zurückkehren, würde Juda wieder zu existieren, womöglich zu florieren beginnen, würde die Davididenherrschaft neu installiert werden? Solche Gedanken wollte der Autor, der diesen Schlusspunkt unter die Königsbücher setzte, gewiss hervorrufen. Offenbar lebte und schrieb er eben zu dieser Zeit, d. h. um die Mitte des 6. Jahrhunderts – ob im babylonischen Exil oder in der judäischen Heimat, ist nicht sicher.

Von diesem Schluss-Autor der Königsbücher wissen wir nur, wann er ungefähr geschrieben hat, weiter nichts. Es besteht freilich Grund zu der Annahme, dass er nicht nur diesen allerletzten Absatz der Königsbücher, sondern viel mehr in ihnen verfasst hat. Es scheint, als sei er sogar so etwas wie deren Grundverfasser gewesen. Achtet man darauf, welche Erzählelemente sich von Anfang bis Ende durchhalten (und darum von eben diesem Grundverfasser stammen dürften), dann stösst man bald auf die *Königsbeurteilungen*. Jeder einzelne König bekommt nämlich eine Note ausgestellt: ob er ein guter oder ein schlechter Herrscher war. Und dieses Urteil richtet sich nicht, wie wir vielleicht erwarten würden, danach, wie erfolgreich er war, ob besonders kriegerisch oder friedfertig, ob ein beliebter Monarch oder ein Autokrat oder gar ein übler Tyrann, sondern nach etwas ganz anderem: ob er treu zum Gott Israels hielt oder nicht.

Zitiert sei hier ein besonders markantes dieser Urteile: «Ahab, der Sohn Omris [ein Nordreichskönig des 9. Jahrhunderts], tat mehr Böses in den Augen JHWHs als alle, die vor ihm gewesen waren. Und war es nicht genug, dass er in den Sünden Jerobeams, des Sohns von Nebat, ging? [Die ‹Sünde Jerobeams›, des Reichsgründers Israels, war es nach der Darstellung der Königsbücher, dass er Heiligtümer in Bet-El und in Dan errichtete und dort Gottesbilder in Gestalt eines Stiers aufstellte – was natürlich für einen monotheistischen Juden, der an einen bildlosen Gott glaubt, ein No-Go ist. Weiter im Text:] Er [Ahab] nahm Isebel, die Tochter des Etbaal, des Königs der Sidonier, zur Frau und ging und diente dem Baal und warf sich vor ihm nieder. Und er errichtete dem Baal einen Altar im Haus des Baal, das er in Samaria gebaut hatte. Und Ahab fertigte auch eine Aschera an, und Ahab tat mehr, um JHWH, den Gott Israels, zu reizen, als alle Könige Israels, die vor ihm gewesen waren» (1Kön 16,30–33).

Was also war das «Böse in den Augen JHWHS», das Ahab getan hat? Er verstiess massiv gegen das erste der Zehn Gebote, gegen den Alleinverehrungsanspruch Jahwes, indem er neben diesem auch den alten Kanaanitergott Baal (zu Deutsch: «Herr») und die Göttin Aschera (zu Deutsch: «Segensreiche») verehrte.

Dasselbe Vergehen wird Manasse, einem davidischen König im 7. Jahrhundert, vorgeworfen: «Er tat, was böse war in den Augen JHWHS, so abscheulich wie das, was die Nationen getan hatten, die JHWH vor den Israeliten vertrieben hatte. Und er baute die Kulthöhen wieder auf [obwohl Jahwe korrekt nur in Jerusalem verehrt werden konnte, nicht in irgendwelchen Landheiligtümern] [...] und er errichtete dem Baal Altäre und machte eine Aschera [...] und vor dem ganzen Heer des Himmels [also den Gestirnsgottheiten der Assyrer] warf er sich nieder, und er diente ihnen» (2Kön 21,2f).

Schon König Salomo – sonst hoch gerühmt – war in dieser Hinsicht nicht zuverlässig. Im letzten Kapitel, das von ihm handelt (1Kön 11), wird erzählt, dass er sehr viele, nicht zuletzt ausländische Frauen hatte, und dass über diese in sein Reich Fremdkulte eingedrungen seien, was er geduldet und sogar gefördert habe.

Nehmen wir noch ein positives Gegenbeispiel: Asa, ein früher Nachfolger Salomos, «tat, was recht war in den Augen JHWHS, wie David, sein Vorfahr, es getan hatte. Und er vertrieb die Geweihten aus dem Land und beseitigte alle Mistgötzen, die seine Vorfahren gemacht hatten» (1Kön 15,11f). Asa hielt also das Gebot der Alleinverehrung Jahwes ein – darum war er ein «guter» König.

Wo in der Bibel steht dieses Gebot, Israel dürfe keinen Gott neben Jahwe haben, besonders im Vordergrund? Im 5. Buch Mose, dem Deuteronomium. Diesem Gesetzbuch geht es vorrangig um die Alleinverehrung Jahwes und um seine kultische Verehrung allein im Tempel von Jerusalem.

Dies war historisch nicht immer und nicht sicher so. Eben von Manasse heisst es ja, er habe in Jerusalem auch den Baals- und den Gestirnskult heimisch gemacht. Doch sein Nachfolger, der König Joschija, wird als ein grosser Reformer beschrieben, der aller Falschgötterei ein Ende machte, der den Tempel von Jerusalem reinigte, der die Höhenheiligtümer im Land Juda schloss, der, in einem Wort, das Deuteronomium in seinem Reich installierte. Über diese sogenannte joschijanische Kultreform gibt es einen eigenen, ausführlichen Bericht in 2Kön 23. Und siehe da, dem geht in 2Kön 22 ein Bericht voraus, wonach man zuvor bei Renovierungsarbeiten im Tempel ein «Gesetzbuch Moses» gefunden habe, und dieses sei es gewesen, dem Joschija die Anleitung für sein kultisches Handeln entnahm (mehr dazu siehe S. 90–92).

Nach einer alten wissenschaftlichen Hypothese war dieses «gefundene» Gesetzbuch nichts anderes als das Deuteronomium (vielleicht in einer gegenüber heute kürzeren Vorform), und in Wirklichkeit war es nicht steinalt, stammte nicht aus der Zeit Moses, sondern aus der Zeit Joschijas. Der Verfasserkreis, der hinter diesem Werk steht – eine Art judäische Reformpartei – nennt man die «Deuteronomiker», und diejenigen biblischen Autoren, die später im Geiste des Deuteronomiums biblische Traditionen bearbeitet haben, «Deuteronomisten». Eine ganze Anzahl Prophetenbücher sind unverkennbar «deuteronomistisch» überformt bzw. redigiert worden – und offenbar ist das auch bei den Königsbüchern der Fall, ja, hier prägt das «deuteronomistische» Denken die Grundanlage des gesamten Buchs. Kurz und prägnant gesagt: Die Königsbücher, so wie sie jetzt vorliegen, sind eine *deuteronomistische Schöpfung*.

Das klingt auf den ersten Blick verblüffend. Die deuteronomistische Redaktionsarbeit erfolgte, wie gezeigt, in (oder ab) der Mitte des 6. Jahrhunderts; der Geschichtsabschnitt, der in den Königsbüchern beschrieben wird, setzt aber im 10. Jahrhundert ein. Das heisst, diese Bücher sind insgesamt im Rückblick, teilweise aus beträchtlicher zeitlicher Distanz, geschrieben. Trotzdem, so stellten wir fest, sind darin sehr exakte Daten und korrekt beschriebene Fakten enthalten. Wie gelangten die deuteronomistischen Autoren an diese? Nun, offenbar verarbeiteten sie Quellen, die ihnen über z.T. weit zurückliegende Ereignisse exakte Auskunft gaben.

Davon ist sogleich ausführlich zu handeln. Zuvor aber soll der grössere literarische Kontext der deuteronomistischen Königsbücher in den Blick genommen werden.

## Die Königsbücher als Teil des deuteronomistischen Geschichtswerks

Die Königsbücher stehen nicht für sich allein, sondern sind offensichtlich der Abschluss einer umfassenderen Darstellung. Ganz klar schliessen sie an die Samuelbücher an, die von der Staatenbildung in Israel und von den ersten Königen Saul und David, auch schon von der Geburt Salomos, berichten. Die ersten beiden Kapitel des 1. Königsbuchs (mit der Schilderung des Regierungsantritts Salomos und des Endes Davids) gehören stofflich und literarisch eigentlich noch zur Davidgeschichte der Samuelbücher. Immer wieder beziehen sich die Redaktoren der Königsbücher bei der Darstellung der Geschichte Judas auch auf den Dynastiegründer David.

Enge Verbindungen gibt es von den Königsbüchern indes auch weiter zurück, zum Richterbuch. Sind es in den Königsbüchern die Könige, die immer und immer wieder gegen das Erste Gebot verstossen, so ist es im Richterbuch das Volk Israel. Dort treffen wir auf eine geradezu zyklische Geschichtsdarstellung: Treue zu Gott bedeutet Ruhe und Frieden; Abfall von Gott den Einfall von Feinden; Reue und Hilferufe an Gott das Auftreten eines Retters und die Niederschlagung des jeweiligen Feindes; Treue zu Gott wieder Ruhe und Frieden; der erneute Abfall von Gott den Einfall eines neuen Feindes usw. Das Messen der Ereignisse am Massstab des Alleinverehrungsgebots Jahwes erinnert sehr an das Verfahren der Schlussredaktion der Königsbücher.

Das Richterbuch seinerseits ist eng verbunden mit dem ihm vorangehenden Josuabuch. In Josua wird die Landnahme Israels berichtet, in Richter 1 und 2 ist dies noch das Thema, ehe es danach um die Sicherung des Landbesitzes geht. Die Hauptfigur im Josuabuch, eben Josua, löst als Führer Israels Mose ab, der die Hauptfigur des Buchs Deuteronomium ist. So hängen also die Bücher Deuteronomium bis Könige wie Glieder einer durchgehenden Kette zusammen.

An dieser Stelle ist unbedingt der Name eines Forschers zu nennen: Martin Noth. Er lehrte in den 1940er bis 1960er Jahren Altes Testament in Bonn und lebte viele Jahre in Jerusalem. Er schrieb 1943 ein Buch mit dem Titel «Überlieferungsgeschichtliche Studien», in dem er die sogenannten chronistischen Bücher (Chronik, Esra und Nehemia) und die Bücher Deuteronomium bis Könige untersuchte. Er entwickelte eine völlig neue Sicht der Dinge insofern, als er sich nicht dafür interessierte, inwiefern diese biblischen Geschichtsbücher historische Ereignisse zuverlässig darstellen (oder nicht), sondern wie sie angelegt sind, wer ihnen ihre Gestalt gegeben hat. Das Fachwort dafür ist «redaktionsgeschichtliche Forschung». (Vergleichbares geschah dann auch in der neutestamentlichen Wissenschaft: War es Jahrhunderte darum gegangen, ob und inwiefern die Evangelien über Jesus historisch korrekt berichtet haben, wandte sich ab den 1960er Jahren das Interesse der Frage zu, was Matthäus oder Markus dachten, warum sie so schrieben, wie sie schrieben, welche Textelemente sie aus Quellen übernommen und welche sie selbst formuliert haben.)

Martin Noth nun stellte die These auf, dass die Bücher Deuteronomium bis 2. Könige *ein* grosses Werk darstellten, das von ihm so genannte «deuteronomistische Geschichtswerk». «Der Deuteronomist» – so nannte er den postulierten Verfasser – schrieb Mitte des 6. Jahrhunderts die Geschichte Israels von der Landnahme bis zum Verlust des Landes nieder unter der Fragestellung, wann Israel das deuteronomische Gesetz – insbesondere das Gebot zur Alleinverehrung Jahwes – eingehalten hat und wann nicht. Seine Vorstellung sei es gewesen, dass Gott auf das jeweilige Verhalten Israels entsprechend reagiert habe: Handelte es gesetzestreu, belohnte er es, übertrat es das Gesetz, bestrafte er es. Im Richterbuch ist dies geradezu das Strukturmuster. Im Königsbuch ist es ähnlich: Manche Könige (z. B. David, Asa, Joschija) taten «das Rechte in den Augen JHWHS» – dank ihnen blieb der Staat bestehen und florierte sogar. Andere Könige (vor allem die des Nordreichs, zu deren Reich ja Jerusalem mit dem einzig richtigen Kult nicht gehörte) taten «das Böse in den Augen JHWHS», und sie brachten den Staat in Schwierigkeiten. Das wird nicht bei jedem einzelnen König penibel durchexerziert, im Sinne von: «Dieser König handelte recht und hatte darum den und den Erfolg», «jener König handelte böse und hatte den und den Misserfolg»; der deuteronomistische Autor besass historisches Feingefühl genug, um zu wissen, dass diese Rechnung nicht in jedem Fall aufging. Zum Beispiel der von ihm hochgelobte König Joschija wurde völlig überraschend von einem ägyptischen Pharao im Krieg getötet, während der von ihm vollkommen negativ beurteilte Manasse 55 Jahre lang unangefochten auf dem Thron sass und dann eines friedlichen Todes starb. *Auf lange Sicht* jedoch geht das Gut-Böse-Schema eben doch auf: Das Nordreich Israel (wie gesagt: ohne Jerusalem) gab es nur bis zum Jahr 722 v. Chr., das Südreich Juda hingegen, mit Jerusalem, fast eineinhalb Jahrhunderte länger; da es aber auch hier «böse» Könige wie Manasse gab, ging es 587 dann doch unter. Insgesamt, so der Nothsche Deuteronomist, war das Königtum eine verhängnisvolle Einrichtung. Zu leicht neigten Könige zur selbstherrlichen Übertretung der Gebote, als dass das Königtum eine auf ewig haltbare Staatsform hätte sein können. Nach Noth hatte «der Deuteronomist», der ja im Exil schrieb, eine insgesamt negative Geschichtssicht: Mose gab das Gesetz – und dann wäre es darauf angekommen, dass es eingehalten worden wäre (wurde es aber höchstens unvollkommen!). Josua konnte das Land erobern, die Richter vermochten es noch mühsam zu verteidigen, Saul und vor allem David erwirkten einen bedeutenden Aufschwung, doch zuvor schon und dann erst recht durch die Könige wurde das grosse Erbe verspielt – bis zum bitteren Ende 722 und 587 v. Chr. Im Grunde, so Noth, lieferte der Deuteronomist eine «Ätiologie des Untergangs», die Begründung dafür, warum es so kommen musste, wie es gekommen ist.

Es ist durchaus nicht unproblematisch, wenn die Schuld für geschichtliches Leiden nicht bei denen gesucht wird, die es verursachen (den Assyrern und den Babyloniern) oder es zulassen

(Gott), sondern bei denen, die es zu ertragen haben: Israel. Die Deuteronomisten nahmen in ihrem Geschichtsrückblick nicht den Gestus der Anklage und des Aufbegehrens gegen Gott ein, sondern den der Demut und der Selbstkritik. Die Anleitung dazu kam von den Propheten (jedenfalls den kritischen, den sogenannten Unheilspropheten), die das kommende Unheil ankündigten und zur Strafe für die Schuld Israels erklärten. Als es dann tatsächlich eingetreten war, sagten wiederum Propheten, aber auch vom prophetischen Geist Geprägte wie die Deuteronomisten, es habe eintreffen *müssen*. Gott habe es geschehen lassen, ja es sogar herbeigeführt, weil alle seine Versuche, sein sich ihm entfremdendes Volk zu sich zurückzurufen, gescheitert waren. Nicht dass Gott das Unheil gewollt oder dass er Gefallen gehabt hätte an denen, die es brachten (den Assyrern und den Babyloniern), nein, aber er wollte und konnte seinem Volk die von ihnen geführten Schläge nicht ersparen. Darin liegt eine doppelte Botschaft, eine negative und eine positive: einerseits die, dass Gott hart sein kann und nicht immer tut, was sich die Seinen von ihm wünschen, andererseits die, dass er durch Leiden, die über die Seinen kommen, nicht etwa als schwach, sondern im Gegenteil als stark erwiesen wird. Gott, so die Propheten wie die Deuteronomisten, wechselte gleichsam die Seite: weg von Israel (und Juda) und hin zu Assur (und Babylon) – nicht aus Sympathie für deren imperiales Gehabe, sondern weil er dieses einsetzen konnte, sein Volk zur Besinnung zu rufen. Der scheinbar unterlegene Gott erwies sich so als der Überlegene. Er konnte nicht nur in und für Israel und Juda wirken, sondern auch mit und durch Assur (und Babylon); er war somit nicht einer von vielen Nationalgöttern, sondern der Gott aller Nationen – letztlich der Einzige, derjenige, der die Weltgeschichte nach seinen Prinzipien lenkt.

Eines ist noch nachzutragen: Martin Noth rechnete, wie in den obigen Ausführungen deutlich wurde, mit *einem* Deuteronomisten, einem Grossredaktor sozusagen. Diese steile These wurde im Verlauf der weiteren Forschungsgeschichte differenziert. Vermutlich gab es nicht nur *einen* Verfasser des deuteronomistischen Geschichtswerks, sondern deren mehrere – man spricht heute gern von einer «deuteronomistischen Schule» oder einfach im Plural von «den Deuteronomisten». Hierbei lassen sich zwei Hauptforschungsrichtungen unterscheiden. Die eine, in Amerika beheimatet, nimmt an, es habe ein erstes, noch positiv ausgerichtetes deuteronomistisches Geschichtswerk schon unter König Joschija gegeben (also Ende des 7. Jahrhunderts), das dann, nach Eintritt des Exils, mit dunklen Farben übermalt worden sei. Die andere, in Deutschland beheimatete, bleibt näher bei Noth und denkt, das erste deuteronomistische Geschichtswerk sei tatsächlich erst Mitte des 6. Jahrhunderts entstanden, doch es sei schmaler gewesen als der heute vorliegende Textbestand und sei Ende des 6. oder im 5. Jahrhundert noch ein- oder zweimal (oder öfter) überarbeitet und erweitert worden bis zum heutigen Umfang. Diese Differenzierungen müssen uns im Augenblick nicht beschäftigen; wir kommen später, bei der Betrachtung konkreter Texte, darauf zurück. Fürs Erste halten wir fest, dass die deuteronomistisch redigierten Königsbücher vermutlich Teil eines von Deuteronomium bis 2. Könige reichenden Geschichtswerks waren.

Im Folgenden soll es um die Frage nach möglichen Vorgängern der Deuteronomisten bei der Beschreibung der Königszeit gehen.

## Quellenverarbeitung durch die deuteronomistische Redaktion der Königsbücher

Die Deuteronomisten waren nicht eigentlich die *Autoren* der Königsbücher (in dem Sinne, dass sie deren gesamten Text selbst, aus eigenen Stücken, geschaffen hätten). Sie haben durchaus Textstücke selbst verfasst – doch eher kleinere. Der Grossteil des vorliegenden Texts ist nicht-deuteronomistisch, deutlicher: vordeuteronomistisch, das heisst, die Deuteronomisten betätigten sich wesentlich als *Redaktoren*, die aus älteren Quellen schöpften. Martin Noth nannte seinen Deuteronomisten einen «ehrlichen Makler»: einen, der zwischen Vergangenheitsinformationen und Gegenwartsinteressen zu vermitteln suchte, und zwar in «ehrlicher» Weise, d. h. so, dass einerseits die Adressaten der Exilszeit, andererseits aber die verwendeten Quellen zu ihrem Recht kamen. Konkret bedeutet das: Die deuteronomistische Redaktion musste das ihr vorliegende Textmaterial sichten, das ihr wichtig Scheinende auswählen, die aufgenommenen Stoffe ordnen, verknüpfen, gelegentlich auch abändern und sie immer wieder kommentieren (z. B. eben durch die Königsbeurteilungen). Auf diese Weise entstand eine Geschichtsdarstellung, die man sich vielleicht vorstellen mag wie ein umfangreiches Glasfenster in einer Kirche: Da wählt ein Künstler farbige Scheiben aus, die nicht nur unterschiedlich getönt, sondern auch verschieden geformt und unterschiedlich zugeschnitten sind (von grossen Flächen bis zu kleinen Splittern) – das sind die Quellen. Er durchmustert diese Materialien und überlegt, wie er sie zu einem Bild anordnen könne; er sortiert manches aus, verändert einzelne Elemente und legt dann (vielleicht anhand einer vorgefertigten Skizze) alles zu einem umfassenden, mosaikartigen Bild zusammen. Dann fügt er die vielen Einzelstücke mittels Bleibändern fest zusammen (das entspricht den deuteronomistischen Kommentaren oder den wiederkehrenden Formelementen wie den Königsbeurteilungen). Schliesslich ritzt er in einige der Glasflächen noch Zeichnungen ein, Figuren, Ornamente und dergleichen (das sind die leichten deuteronomistischen Bearbeitungen der Quellentexte: etwa durch Einfügung oder Austausch einzelner Wörter, durch kleine deutende Bemerkungen usw.). Ist der Künstler geschickt, entsteht ein zwar vielgestaltiges, aber doch geschlossen wirkendes Gesamtbild – eben die deuteronomistisch redigierten Königsbücher (oder das deuteronomistische Geschichtswerk).

Ein radikaler Gegenentwurf zu dieser Glasbild- bzw. Redaktionstheorie wäre, dass die Königsbücher doch ein Entwurf aus einer Hand wären. Man hätte sich dann vorzustellen, dass ein Autor in exilischer (oder nachexilischer) Zeit *bewusst* ein Mosaikbild geschaffen hätte, das gewissermassen antikisierende Elemente enthielt. Um wieder einen Vergleich zu gebrauchen: Wie bei einer neugotischen Kirche oder Ritterburg absichtsvoll der Stil einer früheren Epoche nachgeahmt wurde, um ein antik scheinendes Gebäude zu gestalten, so hätte der Autor der Königsbücher gewusst, wie Königsannalen oder Königs- oder Prophetengeschichten aussehen und solche neu erfunden – in der Absicht, seine Leserschaft glauben zu machen, sie läsen Berichte aus einer frühen Zeit. Doch die Patina wäre künstlich aufgelegt, in Wirklichkeit handelte es sich um einen perserzeitlichen oder hellenistischen Geschichtsroman.

Solche radikalen Theorien werden zuweilen vertreten, sie haben aber ein entscheidendes Argument gegen sich: die Koinzidenzen mit zuverlässig datierbaren altorientalischen Texten und die Evidenz archäologischer Daten, die vieles aus den Königsbüchern als absolut zeit- und sachgetreu erweisen. Mir selbst leuchtet darum die Deuteronomismus-Theorie am meisten ein und ich gehe im Folgenden von ihr aus (wenn auch in einer gegenüber Martin Noth modifizierten Form).

# Quellen der Königsbücher

## Königsannalen als Grundgerüst der Königsbücher

Die für die gesamte Konstruktion der Königsbücher entscheidende Quelle ruft der (erste) deuteronomistische Redaktor selbst immer und immer wieder auf, z. B. bei Asa: «Und alles, was sonst noch von Asa zu berichten ist und von all seiner Tüchtigkeit und von allem, was er getan hat, und von den Städten, die er gebaut hat, steht das nicht geschrieben im Tagebuch der Könige von Juda?» (1Kön 15,23). Die meisten deutschen Bibelübersetzungen, auch die Zürcher Bibel, übersetzen hier: «in der Chronik der Könige von Juda» – und provozieren damit das Missverständnis, gemeint seien die biblischen Chronikbücher; doch die sind keine Quelle der deuteronomistischen Geschichtsschreibung gewesen, sondern haben umgekehrt diese als Quelle benutzt, sind also wesentlich jünger als das deuteronomistische Geschichtswerk. Nein, das «Buch der Tage der Könige von Juda»: das waren offenbar Königsannalen, die bei Hof geführt wurden und in denen wichtige Daten und Ereignisse aus der Herrschaftszeit der einzelnen Könige festgehalten waren.

Es gab offenbar solche Annalen auch am nordisraelitischen Königshof. So lesen wir z. B. über König Ahab (den Gegenspieler Elijas): «Und was sonst noch von Ahab zu berichten ist, von allem, was er getan hat, und von dem Haus aus Elfenbein, das er gebaut hat, und von all den Städten, die er gebaut hat, steht das nicht geschrieben im Tagebuch der Könige von Israel?» (1Kön 22,39). Der deuteronomistische Redaktor verrät in diesen beiden Schlussnotizen auch, was in diesen Annalen notiert war, was er aber seinen Lesern nicht im Einzelnen mitteilt: dass sowohl Asa als auch Ahab «Städte gebaut» hätten. Welche Städte? Wie grosse? Wirklich ganz neue? Oder handelte es sich nur um Stadt- oder Ortserweiterungen? Ist vor allem an Stadtmauern zu denken oder an Wasserversorgung usw.? – Wir wissen es nicht.

Was in den Annalen jedenfalls stand und was die deuteronomistische Redaktion auch mitteilt, sind bestimmte Jahreszahlen, oft auch geschichtliche Ereignisse. Noch einmal Asa (in 1Kön 15,9ff): «Und im zwanzigsten Jahr Jerobeams, des Königs von Israel, wurde Asa König, König von Juda. [Da findet also eine Verzahnung zwischen den israelitischen und den judäischen Königen statt!] Und einundvierzig Jahre lang war er König in Jerusalem. Und der Name seiner Mutter war Maacha, die Tochter Abischaloms.» Es folgt die religiöse Beurteilung Asas durch die Deuteronomisten. Dann aber lesen wir noch zwei kurze Geschichtsnachrichten: «seine heiligen Dinge brachte er ins Haus JHWHs, Silber, Gold und Geräte [heisst wohl: Asa übermachte dem Tempel Stiftungen – etwas, was dem frommen Deuteronomisten sicher gefiel]. Die ganze Zeit aber herrschte Krieg zwischen Asa und Bascha, dem König von Israel [etwas eher Profanes, was der Deuteronomist seiner Leserschaft meinte nicht vorenthalten zu sollen]». Nachfolgend wird ein bestimmter Krieg geschildert, den Bascha vom Zaun gebrochen und den Asa dank eines Bündnisschlusses mit dem Aramäerkönig von Damaskus gewonnen hat. Danach dann der Verweis auf die Annalen, in denen Weiteres nachzulesen sei, sowie schliesslich die Schlussformel: «Im Alter aber wurde er [Asa] krank an den Füssen [vielleicht ein Euphemismus für eine Geschlechtskrankheit]. Und Asa legte sich zu seinen Vorfahren, und er wurde bei seinen Vorfahren begraben in der Stadt Davids, seines Vorfahren. Und Joschafat, sein Sohn, wurde König an seiner Statt» (1Kön 15,23b–24).

Dieses Beispiel gibt einen Eindruck, wie die Königsannalen ungefähr ausgesehen haben: sicher ausführlicher, als die Auszüge des Deuteronomisten zu erkennen geben, aber immer noch knapp, sachlich, vermutlich in den meisten Fällen auch geschichtlich korrekt (obwohl natürlich propagandistische Färbungen nicht auszuschliessen sind).

## Das «Buch der Salomogeschichte» in 1. Könige 3–11

In 1Kön 11,41 wird – entweder vom (ersten) Deuteronomisten oder bereits vom Verfasser eines schon früher entstandenen «Erzählwerks über die ersten Könige Israels» – eine weitere Quelle aufgerufen: «Und was sonst noch von Salomo zu berichten ist, von allem, was er getan hat, und von seiner Weisheit, steht das nicht geschrieben im Buch der Geschichte Salomos?» Ich nehme an, dieses «Buch der Salomogeschichte» ist keine pure Fiktion, sondern existierte wirklich. In ihm standen vermutlich viele der Nachrichten, die wir jetzt in 1Kön 3–11 lesen können, z.B. Listen von Ministern und von Provinzen unter Salomo in 1Kön 4, vielleicht einiges über den Bau des Jerusalemer Tempels (obwohl hier, in 1Kön 5–8, eine eigene Tempel-Quelle verwendet worden sein könnte, doch das ist umstritten), sodann einige Notizen über Salomos Herrschaftsausübung in 1Kön 9 (Verhandlungen mit dem König Hiram von Tyrus, Baumassnahmen in den Städten Jerusalem, Hazor, Megiddo, Geser, Bet-Horon, Baalat und Tadmor, Heirat mit einer ägyptischen Prinzessin) sowie in 1Kön 10 (internationale Handelspolitik, Ansammlung von Reichtum und von Weisheit). Ob auch eine ausgeführte Erzählung in 1Kön 10 (der Besuch der Königin von Saba bei Salomo) sowie ungünstige Nachrichten in 1Kön 11 und 12 (Salomos riesiger Harem, aussenpolitische Spannungen, mit denen er zu kämpfen hatte, schliesslich das Auseinanderbrechen seines Reichs in Nord und Süd) aus dem «Buch der Salomogeschichte» genommen sind, bleibe dahingestellt.

Gleiches ist von der allerersten Erzählung über Salomo in 1Kön 3 zu sagen: Da sucht der frischgebackene König das Heiligtum von Gibeon auf (schon dies höchst bemerkenswert, weil die Deuteronomisten einzig Jerusalem als legitimen Kultort anerkennen – ich nehme an, sie schrieben diese Geschichte nieder mit dem Gesicht eines Menschen, der gerade in eine saure Zitrone gebissen hat; doch *dass* sie es aufschreiben, beweist ihren Charakter als «ehrliche Makler»). Im Heiligtum von Gibeon nun begibt sich Salomo in einen sogenannten Inkubationsschlaf, d. h. er legt sich als frommer Pilger am heiligen Ort schlafen in der Hoffnung, des Nachts werde ihm die Gottheit erscheinen. Und tatsächlich: Salomo hat im Traum eine Erscheinung – nun nicht irgendeines Gottes, sondern Jahwes persönlich (der also doch nicht nur in Jerusalem anzutreffen ist!). Gott gibt ihm einen Wunsch frei, und Salomo wünscht sich nicht Macht oder Reichtum, sondern Weisheit – was Gott derart erfreut, dass er ihm neben der Weisheit gleich auch noch Macht und Reichtum verspricht (was ja dann bekanntlich alles eintrifft). Daraufhin nimmt Salomo seine Richtertätigkeit auf (Könige hatten zuweilen auch Recht zu sprechen, vor allem in besonders schwierigen Fällen), und da wird er gleich mit einer äusserst kniffligen Rechtsfrage konfrontiert: Zwei Frauen streiten um ein Kind, weil das Kind der anderen – doch wer ist die andere und wer ist die wirkliche Mutter? – erstickt ist. Salomo löst den Fall, indem er anordnet, das noch lebende Kind mittendurch zu teilen und jeder Frau eine Hälfte zu geben, worauf eine der beiden auf ihren Anteil verzichtet und das ganze Kind der Rivalin überlässt. Damit erweist sie sich als die wahre Mutter, und Salomo spricht ihr das Kind zu. Diese wundervolle Erzählung ist eine sogenannte Wanderlegende, d. h., es gibt sie, in Abwandlungen, in verschiedenen Literatur- und Kulturkreisen. Sie wird hier auf Salomo übertragen und dieser dadurch als besonders weiser König charakterisiert.

Hätte diese Doppelerzählung zum «Buch der Salomogeschichte» gehört, dann wäre dieses nicht rein annalistisch gewesen, sondern hätte auch farbige, kunstvolle Geschichten enthalten und also einen literarischen Anspruch gehabt. Damit hätte sich diese Quelle deutlich von den «Tagebüchern der Könige von Juda bzw. von Israel» unterschieden, die wir vorhin näher betrachtet haben und die offenbar rein annalistisch geprägt waren.

## Ein Bestandteil des «Höfischen Erzählwerks über die ersten Könige Israels» in 1. Könige 1–2

In 1Kön 1–2 werden uns vier Hauptpersonen vor Augen gemalt, die für den Thronwechsel von David auf Salomo verantwortlich sind: diese beiden sowie der Prophet Natan und die Königin Batscheba. Dieselben vier Personen sind aber schon die Hauptfiguren in einem besonders heiklen Abschnitt der Samuelbücher: 2Sam 11–12, wo David die verheiratete Batscheba schwängert und ihren Mann aus dem Weg räumt, dafür von Natan zur

Rechenschaft gezogen wird, worauf das aus dem Ehebruch hervorgegangene Kind stirbt und Batscheba ein zweites gebiert: Salomo! In 1Kön 1–2 lesen wir dann, wie David alt und senil wird (und auch bei der schönsten Jungfrau Israels nicht mehr «warm» wird) und wie sich daraufhin der älteste noch lebende Davidsohn, Adonija, als Thronfolger präsentiert. Das bringt Natan und Batscheba dazu, zum alten David zu laufen und ihn glauben zu machen, er habe die Thronfolge *Salomo* versprochen. David tut das Erhoffte: Er gibt Order, Salomo zum König auszurufen. Die Kunde davon dringt zu einer hochrangigen Versammlung um Adonija durch, alle kriegen es mit der Angst zu tun und stieben auseinander, Adonija und sein wichtigster Förderer, der General Joab, werden unter fadenscheinigen Vorwänden umgebracht, dazu noch ein paar weitere Gegner Salomos (bzw. Davids) ausgeschaltet. Am Ende steht pointiert der Satz: «Und so war das Königtum fest in Salomos Hand.»

1Kön 1–2 ist erkennbar der Abschluss der Davidgeschichte. Wenn ich mich nicht täusche, ist die Grundlage dieser beiden Kapitel sowie der Kapitel 2Sam 11–12 eine alte Novelle, die in scharf kritischem Ton erzählte, unter welch fragwürdigen Umständen Salomo zuerst zur Welt und dann auf den Thron kam. Das war anscheinend subversive Literatur, welche die Legitimität der Herrschaft Salomos infrage stellte. In dieser Form gelangte die Novelle nicht in die biblische Davidbiografie, sondern wurde dafür an einigen Stellen abgewandelt, sozusagen herrschaftskompatibel gemacht – und zwar nicht schon in der Salomozeit, sondern Jahrhunderte später, als man erstmals die Geschichte der ersten Könige in einem umfassenden historiografischen Erzählwerk darstellte. Damals – um die Wende vom 8. zum 7. Jahrhundert – diente die Batscheba-Salomo-Novelle als eine von vielen Quellen, die ebenfalls schon zu einer Art «Glasfenster» zusammengefügt worden waren: nicht zum deuteronomistischen, das die Bücher Deuteronomium bis Könige umgriff, sondern zu einem älteren, kleineren, das nur den Grundbestand der beiden Samuelbücher plus 1Kön 1–2 umfasste.

Die Deuteronomisten bauten (bzw. der erste von ihnen, der das deuteronomistische Grundwerk geschaffen hat, baute) dieses alte «Glasfenster» komplett in das von ihm geschaffene Riesenfenster ein. Die von ihm stammenden «Bleibänder» und «Neuschraffierungen» lassen sich von der Textur des älteren «Fensters» noch gut abheben. In 1Kön 1–2 geht etwa eine Schlussformel für den König David auf ihn zurück, die schon ganz dem Muster der späteren Königsschlussformeln entspricht: «Und David legte sich zu seinen Vorfahren, und er wurde in der Stadt Davids begraben. Und die Zeit, die David König über Israel war, betrug vierzig Jahre […]. Salomo aber setzte sich auf den Thron Davids, seines Vaters, und sein Königtum war gut gefestigt» (1Kön 2,10–12).

Nun geht dem aber in 1Kön 2,2–3 ein weiterer, unverkennbar deuteronomistischer und doch ganz anders gearteter Passus voraus. Da sagt der auf dem Sterbebett liegende David zu Salomo: «Ich gehe den Weg aller Welt. Du aber sei stark und sei ein Mann! [Ganz ähnlich hat Gott den Josua in Jos 1 aufgefordert, «männlich und stark zu sein» – etwas, was den Deuteronomisten offenbar gefallen hat.] Halte, was JHWH, dein Gott, zu halten geboten hat, und geh auf seinen Wegen, halte seine Satzungen und Gebote, seine Rechte und Ordnungen, wie es geschrieben steht in der Weisung [Tora] Moses». Die hier aufgerufene «Tora Moses» ist aller Wahrscheinlichkeit nach das Deuteronomium. In diesen Versen äussert sich nicht mehr so sehr ein historiografischer Aussagewille (wie bei der Schlussformel für David), sondern eine

Gesetzesfrömmigkeit, wie sie das spätere Judentum geprägt hat. Martin Noth hätte wohl beide Passagen seinem einen «Deuteronomisten» zugewiesen. Ich denke eher, hier formulieren zwei verschiedene Deuteronomisten: ein Geschichtsschreiber und ein Gesetzestheologe.

Wie auch immer: 1Kön 1–2 ist in seiner jetzigen Form eine passende Eröffnung der deuteronomistisch redigierten Königsbücher.

## Ein «Buch der Prophetengeschichten» als Zusatzquelle

Es gibt in den Königsbüchern ein paar schöne Prophetengeschichten, die wie erratische Findlinge unvermutet in ihrem Kontext auftauchen. Eine von ihnen, aus 1Kön 14, sei hier kurz nacherzählt.

Der erste nordisraelitische König, Jerobeam (oben bereits erwähnt als derjenige, der in Bet-El und Dan Stierbilder aufgestellt hat), hat einen Sohn namens Abija, und der ist erkrankt. Da fordert Jerobeam seine Gemahlin – hatte dieser König nur eine, oder war es eben gerade nur die Mutter Abijas? – auf, sich zu verkleiden und in den Ort Schilo zu gehen; dort lebe ein Prophet namens Ahija, dem solle sie Brote, Kuchen und Honig bringen (Geschenke, wie Bäuerinnen sie machen) und ihn nach den Genesungsaussichten des Knaben befragen. (Gedacht ist hier also, dass ein Prophet gegen Entgelt ein Orakel abgeben konnte. Derlei kommt häufiger in der Bibel vor.) Die Frau tut, wie ihr Mann sie geheissen, und kommt nach Schilo. In einer Nachholung wird uns Lesenden mitgeteilt, der Prophet Ahija sei altersblind gewesen – womit die Königin doppelt dagegen gesichert war, erkannt zu werden. Doch als sie sich auf die Tür seiner Kammer zubewegt, ruft der Prophet schon: Komm herein, Frau des Jerobeam! Warum gibst du dich nicht zu erkennen? (Er weiss also, obwohl er blind ist und sie noch gar nicht im Zimmer steht, wer sie ist.) Ich habe eine harte Botschaft für dich: Geh zurück zur Residenzstadt! In dem Augenblick, da du die Stadt betrittst, wird das Kind sterben. Da geht die Frau zurück, und als sie Schwelle des Palasts überschreitet, stirbt das Kind. Es wird begraben, und ganz Israel hält Totenklage um es.

So weit der ursprüngliche Text dieser dramatisch-traurigen Geschichte. Der Prophet fungiert in ihr als ein Unglücksbote, er sieht Dinge, die ein normaler Sterblicher nicht sehen kann, und das von ihm angekündigte Unglück tritt unausweichlich ein. Die Erzählung ist ungemein knapp und lässt vieles unerklärt, was wir gern wissen würden.

Der jetzige Wortlaut der Geschichte lässt die Lücken wesentlich kleiner erscheinen. Da hat Gott Ahija vorab aufgeklärt, wer da gleich zu ihm kommen wird und was er der Königin sagen soll (1Kön 14,5). Die ihm aufgetragene Botschaft gibt wortreich eine Erklärung dafür, warum dieser König so hart angefasst wird. Da sagt Ahija der verkleideten Königin Folgendes: «Geh, sprich zu Jerobeam: So spricht JHWH, der Gott Israels: Ich habe dich emporgehoben aus dem Volk und habe dich zum Fürsten gemacht über mein Volk Israel. Und ich habe das Königtum dem Haus Davids entrissen und es dir gegeben, du aber warst nicht wie mein Diener David, der meine Gebote gehalten hat und der mir gefolgt ist mit ganzem Herzen und nur tat, was recht ist in meinen Augen: Du hast mehr Böses getan als alle, die vor dir gewesen sind [dabei war Jerobeam der *erste* König Israels!], und du bist gegangen und hast dir andere Götter gemacht und gegossene

Bilder, um mich zu reizen; mir aber hast du den Rücken zugekehrt. Sieh, darum bringe ich Unheil über das Haus Jerobeams. Und wer zu Jerobeam gehört und an die Wand pisst [ein vulgärer Ausdruck für ‹alle männlichen Wesen›, der genauso auch in einer Davidgeschichte, in 1Sam 25,22.34, gebraucht worden ist], den werde ich ausrotten, Sklaven und Freie in Israel; und wie man den Kot wegfegt, so werde ich das Haus Jerobeams wegfegen, bis es ganz aus ist mit ihm. Wer von denen, die zu Jerobeam gehören, in der Stadt stirbt, den werden die Hunde fressen, und wer auf dem offenen Land stirbt, den werden die Vögel des Himmels fressen ... [es folgen noch weitere Drohungen, bis hin zur Ankündigung des Untergangs des Königreichs Israel 200 Jahre später – dieser Prophet hat wirklich einen enormen Weitblick]» (1Kön 14,7–11).

Diese Erweiterung der ursprünglich sehr knappen Rede Ahijas ist unverkennbar deuteronomistisch. Den Anstoss zu ihr gab die eingangs nacherzählte, kurze, spannende Prophetenerzählung. Ich stelle jetzt zwei Behauptungen auf, für die ich den detaillierten Beweis an dieser Stelle nicht führen kann: Der hier tätig werdende Deuteronomist ist nicht derjenige, der die Grundversion des deuteronomistischen Geschichtswerks geschaffen hat, sondern ein späterer, der ein besonderes Faible für das Prophetische hatte. Und die von ihm aufgenommene Grunderzählung stammt aus einer Quelle, die eine ganze Reihe ähnlicher Prophetengeschichten enthielt; vermutlich ist sie in prophetisch gesinnten Kreisen entstanden und gepflegt worden. Ich nenne sie das «Buch der Prophetengeschichten» und den Redaktor, der sie sich nutzbar gemacht hat, den «prophetischen Deuteronomisten».

Dieser (zweite) Deuteronomist hat noch an vielen weiteren Stellen in den Grundbestand des – vermutlich einige Jahrzehnte vor ihm geschaffenen – Geschichtswerks eingegriffen. Er hat (bzw. seine Schüler oder Mitarbeiter haben) nicht nur die Ahija-Geschichte aufgenommen und ausgeweitet, sondern in dem typisch formelhaften deuteronoistischen Stil noch eine Reihe eigener Prophetenreden geschaffen, die sich alle untereinander gleichen. Zum Beispiel soll gleich der nächste Gründer einer israelitischen Dynastie, ein gewisser Bascha, von einem Propheten namens Jehu ben Hanani wie folgt bedroht worden sein: «Weil du, obwohl ich dich aus dem Staub erhoben und dich zum Fürsten gemacht habe über mein Volk Israel, auf dem Weg Jerobeams gegangen bist [das heisst, er hat die Heiligtümer in Bet-El und Dan nicht aufgegeben] und mein Volk Israel zur Sünde verführt hast, so dass sie mich mit ihren Sünden reizen, sieh, darum fege ich Bascha und sein Haus weg, und dein Haus werde ich dem Haus Jerobeams, des Sohnes von Nebat [dem inzwischen untergegangen], gleich machen. Wer von denen, die zu Bascha gehören, in der Stadt stirbt, den werden die Hunde fressen, und wer von denen, die zu ihm gehören, auf dem offenen Land stirbt, den werden die Vögel des Himmels fressen» (1Kön 16,2–4).

So Ahija, so Jehu ben Hanani, so angeblich auch Elija. Ihn lässt der prophetische Deuteronomist zu König Ahab sagen: «Du hast dich dazu hergegeben, zu tun, was böse ist in den Augen JHWHs. Sieh, ich bringe Unheil über dich, und ich werde dich wegfegen, und wer zu Ahab gehört und an die Wand pisst, den werde ich ausrotten, Sklaven und Freie in Israel. Und dein Haus werde ich zurichten wie das Haus Jerobeams, des Sohns von Nebat, und wie das Haus Baschas, des Sohns von Ahija, denn du hast Grund zum Zorn gegeben, und Israel hast du zur Sünde verführt. […] Wer von denen, die zu Ahab gehören, in der Stadt stirbt, den werden die Hunde fressen, und wer auf dem offenen Land stirbt, den werden die Vögel des Himmels fressen» (1Kön 21,20–22.24).

Elija mag manches gesagt haben, *das* hat er nicht gesagt, das legt ihm der prophetische Deuteronomist in den Mund. Dieser hat offenbar die Vorstellung, dass Propheten sich erstens einer sehr drastischen Sprache bedienten («an die Wand pissen», Leichen, die von Hunden und Krähen zerfleddert werden, usw.), dass sie zweitens kritisch gegen Könige eingestellt waren, und dass drittens jede nordisraelitische Dynastie untergegangen ist, nachdem ein Prophet das Zorngericht Gottes über sie entfesselt hatte. Das heisst, die eigentlichen Lenker der Geschichte sind nicht Könige, sondern Propheten – bzw. der hinter ihnen stehende Gott.

Zweierlei ist noch nachzutragen: a) Der prophetische Deuteronomist hat nicht nur nordisraelitische, sondern auch judäische Könige durch Propheten bedroht werden lassen. b) Er hat aus dem «Buch der Prophetengeschichten» eine ganze Reihe weiterer Erzählungen aufgenommen: etwa eine andere vom Propheten Ahija, in der dieser dem ersten König Nordisraels, Jerobeam, die Herrschaft zuspricht (1Kön 11), oder die von Elija und dem König Ahasja, der aus einem Fenster gestürzt ist und seinen eigenen Tod angesagt bekommt (2Kön 1). Diese und andere Geschichten variieren alle das Thema «Prophet gegen König». Offenbar zirkulierten sie in äusserst königskritischen prophetischen Kreisen. Dabei gab es historisch durchaus auch Propheten, die es *mit* den Königen hielten, die an Königsheiligtümern angestellt waren und von Königen besoldet wurden. Doch das entspricht nicht dem Prophetenbild des «Buchs der Prophetengeschichten» und dem des prophetischen Deuteronomisten. Hier sind Propheten immer in der Opposition – so wie es tatsächlich gewisse Schriftpropheten waren: etwa Amos oder Jeremia. Doch das waren eher die Ausnahmen, die der hier tätige Deuteronomist zur Regel gemacht hat. Nicht zuletzt ihm verdanken wir das überaus kritische Prophetenbild des Alten Testaments.

Wenn ich mich nicht irre, hat der prophetische Deuteronomist indes nicht nur einzelne Prophetengeschichten ins Geschichtswerk eingebracht, sondern ein ganzes grosses Erzählwerk. Davon soll jetzt die Rede sein.

## Das «Prophetische Erzählwerk vom Kampf Jahwes gegen Baal» in 1. Könige 17 – 2. Könige 10

In Jerusalem herrschte immer die gleiche Dynastie: das «Haus Davids». Im Vergleich damit war das politische System im Norden volatil: Immer wieder kam es zu Putschen, Thronstürzen und Dynastiewechseln. Zwei längerlebige Dynastien gab es aber doch: diejenige der Omriden (in der 1. Hälfte des 9. Jahrhunderts) und diejenige der Nimschiden (in der 2. Hälfte des 9. und der 1. Hälfte des 8. Jahrhunderts). Vor allem die Bedeutung der Omriden ist historisch kaum hoch genug zu veranschlagen. Sie waren es, die dem Königreich Israel Statur und Format, Grösse und internationale Bedeutung gaben. Sie boten erfolgreich der Konkurrenzmacht Aram-Damaskus die Stirn, sie pflegten ein freundschaftliches Verhältnis zu den reichen phönizischen Stadtstaaten, sie nahmen das viel kleinere (und gewissermassen noch unterentwickelte) Königreich Juda ins Schlepptau, und sie machten das südöstliche Nachbarland Moab zu einer Kolonie. (Das weiter nördlich gelegene Ammon wird ebenfalls unter ihrem Einfluss gestanden haben.) Das «Haus Omri» wird denn auch in zeitgenössischen assyrischen Texten mit Respekt erwähnt. In der Bibel hingegen, genauer: bei den Deuteronomisten, haben die Omriden gar keine gute Presse. Der Dynastiegründer Omri kommt (in 1Kön 16) noch relativ gut davon. Ihm wird immerhin die Neugründung der Königsstadt Samaria zugutegehalten. Religionspolitisch aber blieb er auf den Spuren des Staatsgründers Jerobeam (mit den Heiligtümern in Bet-El und Dan) – was ihm der (erste) Deuteronomist, wie gewohnt, als «Sünde» anrechnet. Viel schlimmer war es dann angeblich mit seinem Sohn und Nachfolger Ahab (ebenfalls 1Kön 16): Er heiratete eine phönizische Prinzessin (namens Isebel), und die führte in Israel den Baal-Kult ein: eine alte, levantinische Fruchtbarkeitsreligion mit mehreren Göttern, voran Baal und seine Partnerin Anat; die beiden hielten durch ihr Liebesspiel und enorme Fruchtbarkeit die Fruchtbarkeit der Natur in Gang. Das ewige Stirb und Werde, die tötende Trockenheit im Sommer und die belebenden Regenfälle im Winter, wurden mit der Vorstellung verbunden, dass Baal in jedem Jahr einmal dem Todesgott Mot erlag und «starb», dann aber von seiner Freundin herausgehauen wurde und mit den Winterregen wieder auferstand. Eine solche Religion war, zumindest in den Augen der Deuteronomisten, unvereinbar mit dem Jahwe-Glauben; Jahwe kann natürlich nicht sterben und dann wieder auferstehen, und das jedes Jahr aufs Neue! Die Menschen in der Omridenzeit, wie auch ihr Könighaus, werden das weniger streng, vielmehr als sinnvolle Ergänzung beurteilt haben, etwa so: Jahwe der Geschichts- und Staatsgott, Baal der Natur- und Wohlstandsgott. Vielleicht sah man die Profile beider Gottheiten auch ineinanderfliessen, sodass «Baal» und «Jahwe» eigentlich nur verschiedene Namen ein und desselben grossen Gottes gewesen wären. Der (erste) Deuteronomist aber sprüht Gift und Galle gegen die (angeblich oder wirklich) synkretistische Religionspolitik Ahabs.

Oben wurden bereits die Königsformeln und die Beurteilung für Ahab zitiert; beides findet sich am Ende von 1Kön 16. Vermutlich ging der Text des deuteronomistischen Grundwerks erst am Ende von 1Kön 22 weiter, wo die Königsformeln für den Judäer Joschafat, Sohn des Asa, stehen. Noch während der Herrschaft Joschafats sei im Norden auf Ahab Ahasja gefolgt – selbstverständlich ein ebenso «böser» König wie sein Vater; er verharrte nicht nur in der «Sünde Jerobeams», sondern diente wie Ahab dem Baal. Damit endet das 1. Königsbuch. In 2Kön 1 kann man den Annalenstil weiterverfolgen: Ahasja, Ahabs Sohn, starb, ein gewisser Joram folgte auf ihn. Es war der Letzte der Omriden-Herrscher; doch das Drama, das zu seinem Tod führte, folgt erst sehr viel später: in 2Kön 8. Da lernt man den Nachfolger Joschafats von Juda kennen; auch er hiess Joram – eine seltsame Namensgleichheit mit seinem nördlichen Pendant! Der Judäer Joram habe, *horribile dictu*, eine Tochter Ahabs zur Frau gehabt (so weit ging die Dominanz Israels über Juda unter den Omriden); die Dame hiess, wie man später erfährt, Atalja. Unter ihrem Einfluss ging der Davidide Joram «auf dem Weg der Könige von Israel, wie das Haus Ahabs es tat» (2Kön 8,18). Nach einigen Misserfolgen stirbt er, und auf ihn folgt Ahasja, Sohn jener Atalja – doch dieser regiert nur *ein* Jahr (2Kön 8,26). Und das kam so: Er begab sich mit Joram von Israel in einen Krieg gegen Aram; Joram wurde verwundet und zog sich zur Heilung in die israelitische Sommerresidenz Jesreel zurück. Dort besuchte ihn Ahasja von Juda – die beiden waren ja miteinander verwandt.

Und dann kommt der grosse Umsturz. Dieser aber wird nicht im trockenen Annalenstil mitgeteilt, sondern als höchst farbige und kunstreiche Geschichtsnovelle, die fast zwei volle biblische Kapitel füllt (2Kön 9–10) und sich aus vier Episoden zusammensetzt: 1. Einsetzung des Generals Jehu zum Gegenkönig durch einen Propheten; 2. Ermordung der regierenden Könige Ahasja von Juda und Joram von Israel durch Jehu in Jesreel; 3. Ermordung von 70 Mitgliedern des Hauses Ahab bzw. Omri in Samaria; 4. Massenmord an einer ganzen Versammlung von Baal-Verehrern in Samaria.

In der ersten dieser Szenen spielt ein Schüler des Propheten Elischa eine wichtige Rolle. Das verbindet die Jehu-Novelle mit dem Erzählzyklus über Elischa (in 2Kön 2–8). Der Elischa-Zyklus ist wiederum verbunden mit dem Elija-Zyklus in 1Kön 17 – 2Kön 1. Somit ergibt sich ein dreiteiliges Erzählwerk: Elija-Elischa-Jehu. Weil Elija als Vorkämpfer gegen den Baal-Kult geschildert wird und Jehu sich als fanatischer Baal-Feind betätigt, nenne ich das Ganze: «Prophetisches Erzählwerk über den Kampf Jahwes gegen Baal».

Die Thematik «Nicht Baal, sondern Jahwe» könnte man «monolatrisch» nennen (noch nicht «monotheistisch», da ja Baal durchaus als existent angesehen wird – aber als unbedingt abzulehnen). Diese Ausrichtung kommt dem Deuteronomium schon sehr nahe, doch klingen die Erzählungen nicht deuteronomisch bzw. deuteronomistisch. Man könnte das Erzählwerk «vor-deuteronomisch» nennen. Damit kommt man in die Zeit vor König Joschija, der das Deuteronomium in Kraft gesetzt hat. Damals, im 7. Jahrhundert, herrschte, über ein halbes Jahrhundert lang, Manasse. Sein Idol war kaum mehr der alte Kanaanitergott Baal, er frönte den assyrischen Gestirnsgottheiten, weil er ein absolut treuer Assyrer-Vasall war. Wenn nun das vermutlich zu seiner Zeit (und in Opposition gegen ihn) entstandene Erzählwerk den

Baalsdienst zum Problem erklärt, dann dürfte das eine Chiffre sein für «Fremdgötterei à la Manasse». Die Helden des Erzählwerks haben scheinbar nordisraelitische Könige zu Gegnern, namentlich Ahab, doch heimlich gemeint ist Manasse. (Ihn beim Namen zu nennen, wäre wohl wenig opportun gewesen; doch jeder, der das Werk damals las, wusste, was bzw. wer gemeint war.)

Der Einbau dieses Erzählwerks ins deuteronomistische Geschichtswerk (wie ich meine: durch den prophetischen Deuteronomisten) ähnelt dem Versuch, einen Elefanten auf einen Handwagen zu packen. Denkt man sich nämlich die farbigen Geschichten des Erzählwerks einmal weg, dann bleibt ein ziemlich dürres, rein im Annalenstil gehaltenes Gerüst übrig, das ich vorhin skizziert habe. Durch die Hereinnahme des Prophetischen Erzählwerks ändert sich der Erzählstil nachhaltig. Auf einmal sehen sich die Lesenden in spannende Vorgänge hineingezogen, wird ihr Blick von der politischen hin zur Religionsgeschichte gelenkt, von den Königen hin zu ihren Antipoden, den Propheten.

Im Folgenden möchte ich die drei Bestandteile des Prophetischen Erzählwerks einzeln näher vorstellen. Vermutlich hatte jeder von ihnen seine eigene Vorgeschichte, und zwar in Nordisrael: Elija und Elischa waren nordisraelitische Propheten, Jehu ein nordisraelitischer König. Damit aber kommen wir mit diesen Stoffen in die Zeit vor 722 v. Chr. (In diesem Jahr ging das Königreich Israel unter). Sie gerieten danach nicht in Vergessenheit, weil sie in den weiter existierenden judäischen Süden gelangten und dort zu einem «Erzählwerk» zusammengeschlossen wurden, das dann wiederum ins deuteronomistische Geschichtswerk gelangte.

Trotzdem bekommen wir es jetzt mit einem «nordisraelitischen O-Ton» zu tun – eher eine Ausnahme in der judäisch-jüdisch geprägten Hebräischen Bibel.

## Der Elija-Zyklus in 1. Könige 17–19; 21; 2. Könige 1

Der Elija-Zyklus reicht von 1Kön 17 bis 2Kön 1. Er ist aus vier verschiedenen Elementen zusammengesetzt, die je für sich und auch im Verbund auf eine bewegte Vorgeschichte schliessen lassen:

a) die sogenannte *Dürre-Komposition* in 1Kön 17 und 18. Sie beginnt – sehr abrupt – damit, dass Elija dem herrschenden König Ahab eine jahrelange Dürre voraussagt, die erst enden werde, wenn er, Elija, es sage. Prompt setzt der Regen aus, das Land verdorrt. Elija, der offenbar um sein Leben fürchten muss, hat sich Richtung Nordosten abgesetzt. Am Bach Kerit ernähren ihn Raben auf wunderbare Weise. Dann trocknet dieser Bach aus, und Elija muss weiterflüchten, nach Phönizien. In dem Ort Sarepta begegnet er einer Witwe, die mit ihrem Sohn kurz vor dem Hungertod steht; doch Elija, den sie wider alle Vernunft aufnimmt und verpflegt, sorgt durch ein Wunder für einen nie versiegenden Vorrat an Öl und Mehl im Haus. Das nächste Wunder geschieht, als der Sohn der Witwe stirbt; Elija vermag ihn wieder lebendig zu machen. In Kapitel 18 dann folgt ein Wunder noch anderer Dimension: Elija kehrt nach Israel zurück und trifft bald mit dem König zusammen. Beide werfen sich gegenseitig Unfreundlichkeiten an den Kopf – bis Elija den Monarchen auffordert, mit den 450 Propheten des Baal und den 400 der Aschera auf den Berg Karmel (einen Gebirgszug nahe dem Golf von

Akko) zu kommen. Der König tut das und bietet zu dem sich abzeichnenden Schaukampf das ganze Volk auf. Auf dem Karmel kommt es zu einem Propheten- (oder eigentlich: Götter-)Wettstreit: Wer kann das Holz eines Opferaltars entzünden, ohne Feuer daran zu legen? Die Baalspropheten schaffen es nicht, so flehentlich sie auch beten und so intensiv sie auch Ritualtänze aufführen, Elija schafft es mit einem kurzen Gebet. Alles Volk schreit: «Jahwe ist unser Gott!» (das ist der Kernsatz der Monolatrie). Elija schlachtet daraufhin sämtliche Baalspropheten (ein grauenhafter Kraftakt – aber er passt in derartige Märchen). Noch oben auf dem Karmel kündigt Elija dem König Regen an. Dieser fährt in seinem Wagen nach Jesreel – eine marathonartige Strecke, die Elija in Ekstase zu Fuss rennt. Und dann schüttet es. – Damit endet die Dürre-Komposition.

b) Es folgt eine Geschichte, die zu den grossartigsten der Bibel gehört: Die Königin Isebel schäumt vor Wut, als sie vom Tod ihrer Propheten erfährt, und droht Elija Rache an. Der vorher so überlegene Held kriegt es mit der Angst zu tun und flüchtet – weit weg, nach Süden, zum «Berg Horeb»: ein Wechselname für den Sinai. In der Sinaiwüste verliert er allen Lebensmut und möchte sterben. Doch ein Engel stärkt ihn und schickt ihn weiter. Oben auf dem Sinai begegnet ihm wirklich Gott: nicht, wie man nach der Karmel-Geschichte erwartet, in einem gewaltigen Sturm noch in einem Erdbeben noch in einer Feuersbrunst – sondern ganz leise, in einer «Stimme verschwebenden Schweigens» (so die Wiedergabe durch Martin Buber). So zart, so sanft ist Jahwe! Doch was er Elija dann ankündigt, hat es in sich: Er solle gehen und zuerst Hasaël zum König von Aram salben, danach Jehu zum König von Israel und schliesslich Elischa zu seinem Nachfolger. Diese drei würden alle Falschgläubigen ausrotten, jedoch 7000 übriglassen, die ihre Knie nicht gebeugt hätten vor Baal. Da ist das Thema vom Kampf Jahwes gegen Baal wieder. Das sanfte Zwischenspiel dürften nachdenkliche Menschen ersonnen haben, denen Berserker und Massenmörder wie Elija oder Jehu unheimlich waren. Man spürt, wie da gegensätzliche Gottesbilder sich herausbilden – typisch für die Bibel, die das Ambivalente, das Widersprüchliche nicht scheut. (Auch Jesus kann als überaus sanft – und als extrem unduldsam beschrieben werden. Und dem tragischen Kreuzesmotiv tritt das triumphale Ostermotiv gegenüber.) Gott kann, um beim Alten Testament zu bleiben, die Welt sorgfältig erschaffen und sie dann wütend ersäufen, dies dann aber auch wieder bereuen. König David kann überaus gewalttätig sein – und dann wieder auf Gewalt bewusst verzichten. Und Elija kann dem israelitischen König (und seiner phönizischen Gemahlin!) spinnefeind sein, ihm den Regenhahn gleichsam zu-, dann aber auch wieder aufdrehen, er kann sich vor ihm am Bach Kerit verstecken, dann aber vor seinem Wagen her einen wilden Marathonlauf hinlegen, kann hunderte Menschen martialisch umbringen und dann selbst wie ein ängstlicher Hase davonlaufen. So ist die Bibel: Man möge sich bitte von nichts zu einfache, einseitige Bilder machen!

c) Die nächste Elija-Geschichte zeigt den Propheten als Sozialrevolutionär – ganz in den Bahnen eines Amos (oder Jesaja oder Jeremia). «Revolutionär» ist nicht das richtige Wort, besser wäre «Kritiker asozialen Verhaltens» oder: Vorkämpfer für humanes Verhalten gegenüber sozial Schwachen. Wahrscheinlich haben die sozialkritischen Propheten des 8. Jahrhunderts bei der Schaffung der Erzählung 1Kön 21 Pate gestanden, gehört diese also – so wie die Horeb-Geschichte – nicht zum ältesten Bestand von Elija-Erzählungen. Sie steht jetzt auch an einem seltsamen Ort:

zwischen den beiden Kapiteln 1Kön 20 und 1Kön 22, die offenbar literarisch zusammengehören (in der griechischen Bibel auch zusammenstehen!) und *nicht* von Elija handeln. Der Plot von 1Kön 21 ist so einfach wie dramatisch: Der König (angeblich Ahab) begehrt einen Weinberg, der an seinen Palast grenzt, aber einem israelitischen Bauern gehört. Dieser will das Landstück um keinen Preis hergeben – er darf es gar nicht, weil es Erbland ist, das ihm nicht privat gehört, sondern Familieneigentum ist. Der König ist zornig, kann aber nichts machen. Da nimmt Königin Isebel die Sache in die Hand, inszeniert einen Schauprozess gegen jenen Bauern, der aufgrund falscher Zeugenaussagen verurteilt und hingerichtet wird – worauf sein Land an die Krone fällt. So weit, so schlimm. Doch da ist noch Elija! Er stellt den König auf eben dem Acker, der soeben unrechtmässig an ihn gefallen ist, und schleudert ihm ein Gerichtswort entgegen. Dieses Prophetenwort nun ist auffällig ausführlich – und klingt überdeutlich an die früheren Prophetenworte gegen israelitische Dynastien an, die wir als deuteronomistisch eingestuft haben. Es wurde in früherem Zusammenhang schon zitiert. In ihm formuliert eindeutig der (zweite, der prophetische) Deuteronomist – eben der, der meiner Meinung nach das «Prophetische Erzählwerk» in die deuteronomistisch redigierten Königsbücher eingesetzt hat.

d) Die letzte Elija-Erzählung liegt in 2Kön 1 vor. Sie schildert einen Clash zwischen dem Propheten und Ahabs Nachfolger Ahasja. Dieser hat einen Unglücksfall erlitten – und lässt nun eine Prognose einholen: nicht bei Elija oder sonst einem Repräsentanten der Jahwe-Religion, sondern beim Baal von Ekron (einer Philisterstadt), der offenbar spezialisiert war auf Krankenheilungen. Auf dem Weg dorthin trifft die königliche Abordnung unverhofft auf Elija, der sie wütend fragt: «Gibt es denn keinen

Gott in Israel, dass ihr geht, den Baal von Ekron zu befragen? Darum nun: Ahasja wird von seinem Krankenlager nicht mehr aufstehen.» Hier agiert Elija wieder als Vorkämpfer der Jahwe-Alleinverehrung. Es folgt noch eine Episode, in der Ahasja versucht, den lästigen Propheten verhaften zu lassen. Doch zwei Fünfzigschaften, die dazu ausgesandt werden, frisst vom Himmel fallendes Feuer. Die dritte entgeht diesem Schicksal, weil ihr Anführer sich demütig vor Elija niederwirft. So – heisst das –, so geht man mit Propheten um! Sie wirken schwach und wehrlos, doch wage niemand, sich an ihnen zu vergreifen! (In der politischen Realität sind die Machthaber mit Propheten oft sehr grob umgegangen: Einer von ihnen war Jesus, den Pontius Pilatus kreuzigen liess …)

## Eine Erzählsammlung über «Propheten in den Aramäerkriegen» in 1. Könige 20 und 22

Die Kapitel 1Kön 20 und 22 fallen aus ihrem Kontext, den Elija-Geschichten, heraus. Verbunden sind sie mit ihm in der Thematik «Prophet versus König», unterschieden in der Identität der handelnden Propheten. Elija ist nicht präsent, es agieren anonyme Propheten (1Kön 20) sowie ein gewisser Micha ben Jimla (1Kön 22). Miteinander verknüpft sind die beiden Kapitel im Thema «Krieg gegen die Aramäer». Sie hängen so offensichtlich zusammen, dass sie in der griechischen Bibel hintereinanderstehen, nicht, wie in der Hebräischen Bibel, getrennt durch die Elija-Geschichte 1Kön 21. Wahrscheinlich waren die beiden Kapitel einmal eine gesonderte kleine Sammlung, die von der deuteronomistischen Redaktion an der passend scheinenden

Stelle ins deuteronomistische Geschichtswerk bzw. in den Elija-Zyklus eingestellt wurde.

Kriege zwischen Aram und Israel gab es in bestimmten Phasen der Geschichte Israels: zuerst unter David (2Sam 10), dann wieder unter der Jehu-Dynastie. Die Omriden hingegen hatten mit den Aramäern (wie mit anscheinend allen Nachbarn) Frieden, die letzten Könige Israels verbündeten sich mit ihnen sogar, um dem andrängenden Assur zu widerstehen. Also gehören die Geschichten von 1Kön 20 und 22 eigentlich wohl nicht in die Omridenzeit, wo die deuteronomistische Redaktion sie angesiedelt hat – weil ja Ahab ein besonders «böser» König war und darum ein schlimmes Ende verdiente, so wie es ihm Micha ben Jimla ansagt (obwohl dieser König laut Rahmenformel eines friedlichen Todes gestorben ist – wieder eine solche innerbiblische Spannung).

Die kleine Quelle 1Kön 20 und 22 ist religionsgeschichtlich besonders aufschlussreich. In 1Kön 20 führen die Aramäer einen Angriffskrieg gegen Israel – und werden, zu ihrer eigenen Überraschung, geschlagen. Grund: Ein Prophet hat den israelitischen König bis in taktische Einzelheiten hinein beraten. Die Aramäer aber machen sich einen anderen Reim auf die Sache: Jahwe, sagen sie, sei ein Gott der Berge; es sei darum purer Leichtsinn gewesen, Israel im Bergland anzugreifen. (Jahwe – ein «Gott der Berge» deswegen, weil die Israeliten bei der Sesshaftwerdung sich zuerst im dünn oder gar nicht besiedelten palästinischen Bergland niedergelassen haben, wo sie ein eher karges kleinbäuerliches Leben führten und ihren Gott Jahwe verehrten. Militärisch waren diese Bauern eher auf «Guerillakampf» in den zerklüfteten Berggebieten eingestellt, während die kulturell hochstehenden Nachbarstaaten gern Streitwagen verwendeten (die Panzerwaffe der Antike, die lieber grossräumig und auf flachem Gelände operierte, wo sie schlecht bewaffneten Bergbauern zigfach überlegen war). So sind die Aramäer völlig sicher, dass sie die nächste Schlacht gewinnen werden, falls sie sie in der Ebene führen. Sie verlieren aber erneut, und wieder, weil ein Prophet den israelitischen König klug beraten hat. Der Gott Israels, lernen wir daraus, kennt sich eben nicht nur in den Bergen aus, sondern auch im Mittel- und im Flachland – und eigentlich überall, notfalls sogar in Babylon oder in Rom; denn er ist keineswegs an ein kleines Bergvolk gebunden, sondern ist zuständig für die ganze Welt – und entpuppt sich am Ende gar als der Einzige überhaupt. Wir sind hier also auf dem Weg zum Monotheismus.

In 1Kön 22 herrscht erneut Krieg zwischen Israel und Aram. Diesmal ist der König Israels der Aggressor, und er hat den König Judas im Schlepptau. Ausserdem verfügt er über «etwa 400» Propheten, die ihm «Sieg und Heil» versprechen. Der Judäerkönig besteht darauf, dass man auch einen bekannt kritischen Propheten, Micha ben Jimla, beizieht. Doch siehe da, auch dieser rät zum Angriff! Erst als er dringlich aufgefordert wird, die Wahrheit zu sagen, kündigt er eine Niederlage an – und erklärt gleich, warum seine Konkurrenten das Gegenteil gesagt hätten: Er habe Einblick in die himmlische Ratsversammlung erhalten und gehört, wie man dort beriet, auf welche Weise man den israelitischen König ums Leben bringen könne. Da habe sich der Lügengeist gemeldet und sich erboten, in die 400 Propheten des Königs zu fahren, damit diese ihm fälschlich Sieg und Heil verhiessen. Gott habe dem zugestimmt – kein besonders schöner Zug an ihm, wenn man es sich überlegt; da sorgt kein anderer als Gott selbst mit List und Tücke dafür, dass ein König in sein Verderben läuft. «Verstockung» nennt man dieses Phänomen, das dann im Jesajabuch eine bedeutsame Rolle spielt. Allerdings ist nicht zu vergessen, dass Micha ja Einblick bekommen hat in die himmlische Ratsversammlung und über deren hinterhältigen Beschluss offenherzig Auskunft gibt. So hätte der König durchaus die Möglichkeit, den göttlichen Unheilsplan scheitern zu lassen.

Doch es kommt, wie es kommen musste: Der Anführer jener Königspropheten ohrfeigt Micha für die unverschämte Behauptung, er und seine Genossen seien von einem Lügengeist besessen. Und der König lässt Micha einsperren, um nach seiner siegreichen Rückkehr angemessen mit ihm zu verfahren. Da ist man natürlich gespannt, wie es weitergeht. Der israelitische König zieht in den Krieg und baut zum Erhalt seines Lebens noch eine zusätzliche Sicherung ein: Er verkleidet sich als gemeiner Soldat, verpflichtet aber seinen judäischen Kollegen, den Königsornat zu tragen. Die List scheint zu funktionieren: Die Aramäer kesseln den Kampfwagen des judäischen Königs ein in der Meinung, jetzt hätten sie das Haupt der feindlichen Armee gestellt. Doch als sie ihn gerade töten wollen, schreit er auf, und sie begreifen, dass sie den Falschen vor sich haben. Dafür hat irgendein Bogenschütze einen Pfeil abgeschossen, der zufällig (!) genau den verkleideten König Israels trifft. Dieser, schwer verwundet, befiehlt, ihn aus der Schlacht wegzubringen. Langsam verblutet er auf dem Wagen, stirbt und wird in Samaria begraben. Als man den Wagen wäscht, lecken Hunde das Blut des toten Königs, womit sich eine Unheilsweissagung Elijas (1Kön 21,19.24) zu erfüllen scheint.

Es ist dies eine der literarischen Klammern, mit denen diese Prophetengeschichten in den jetzigen Kontext eingefügt wurden. Ganz ohne Anstoss gelang dies aber nicht. Denn erstens stirbt Ahab laut Königsschlussformel (1Kön 22,40) eines friedlichen Todes – was einen aufmerksamen Redaktor dazu gebracht hat, diesen König auf Elijas Unheilsandrohung hin Busse tun zu lassen, woraufhin das angesagte Gericht zeitlich hinausgeschoben wird (1Kön 21,27–29). Zweitens kommt der General Jehu, als er nicht gegen Ahab, sondern gegen dessen übernächsten Nachfolger, Joram, putscht, ebenfalls auf jene Unheilsansage zu sprechen (freilich in einem etwas anderen Wortlaut) und erklärt sie als durch seinen Königsmord erfüllt (2Kön 9,25f). Man sieht: Irgendwie wollte man die Bosheit des Königs Ahab bestraft sehen, und die Erzählungen in 1Kön (20 und) 22 sind eines der Mittel dazu.

## Der Elischa-Zyklus in 2. Könige 2–8

Der Elischa-Zyklus ist jetzt mit dem Elija-Zyklus verknüpft: erstens durch die Vorstellung, Elischa sei der Nachfolger Elijas gewesen (2Kön 2), zweitens durch die Vorankündigung der «Salbung» Elischas in 1Kön 19, drittens durch bestimmte Motive, die mit beiden Propheten verbunden werden: Beide tragen sie den auffälligen Ehrentitel «Wagen Israels und seine Pferde» (was ihr kriegerisches Potenzial hervorhebt – das aber eigentlich nur auf Elischa passt; immerhin aber fährt Elija auf einem Feuerwagen gen Himmel). Und beide bezeichnen sich als «vor Jahwe stehend», d.h. als irdische Werkzeuge zur Umsetzung seiner himmlischen Ratschlüsse. Beide auch verstehen Speisen wunderbar zu mehren und sogar einen Toten aufzuerwecken.

Ursprünglich einmal ist der Elischa-Zyklus aber gesondert entstanden und für sich überliefert worden. Dahinter standen Prophetenkreise, die teilweise in den Texten sichtbar werden (dazu später). Es lassen sich zwei Themenkreise (bzw. Untersammlungen) erkennen, die jetzt zu einem Ganzen verbunden sind: 1. Wundertaten Elischas; 2. Kriegstaten Elischas.

*Elischa als Wundertäter*

Die ersten beiden Elischa-Geschichten (in 2Kön 4) erinnern stark an den Elija von 1Kön 17.

Auch Elischa ist in der Lage, eine arme Witwe wunderbar mit nicht versiegendem Öl auszustatten. Hier allerdings wird eine sozialgeschichtlich brisante Situation geschildert: Die Frau musste sich, nachdem ihr Mann verstorben war, verschulden, konnte nicht zurückzahlen, und jetzt droht ihren Söhnen die Versklavung. Das von Elischa herbeigezauberte Öl ermöglicht ihr, ihre Schulden zu tilgen und ihren Söhnen den Status als freie Bürger zu erhalten.

Die zweite Geschichte erzählt von der Auferweckung eines verstorbenen Knaben – ganz ähnlich, wie es auch über Elija erzählt worden ist, nur drastischer, urtümlicher: Elischa legt sich, auf dem Totenbett, auf das verstorbene Kind und presst «seinen Mund auf dessen Mund, seine Augen auf dessen Augen und seine Handflächen auf dessen Handflächen» – da kommt wieder Leben in den toten Körper. Das ist die präzise Beschreibung – nicht etwa der Beatmung eines Bewusstlosen, sondern eines sogenannten Analogiezaubers: Durch eine genau analoge Körperhaltung überträgt der Lebendige (und gar ein Prophet!) seine Lebendigkeit auf einen Toten.

Die dritte und die vierte Geschichte in 2Kön 4 erzählen von der wunderbaren Speisung grosser Gruppen durch den Gottesmann – ganz ähnlich, wie von Jesus Geschichten über die Speisung von 4000 oder von 5000 Menschen erzählt werden.

In die nächste Geschichte (in 2Kön 5) spielt schon das Thema «Krieg» des zweiten Erzählkreises hinein. Sie handelt von dem Heerführer des Feindvolks Aram namens Naaman, der an Aussatz erkrankt und von dem israelitischen Propheten Elischa wunderbar geheilt wird. Dieses Happy End wird nur über viele Irrungen und Wirrungen erreicht: Der Aramäer meint zuerst, er habe es nicht nötig, sich von einem Gottesmann aus dem Feindvolk helfen zu lassen; er sieht nicht ein, dass ein Bad im Jordan ihm helfen sollte – wo es doch in Aram viel schönere Flüsse gebe usw. Am Ende aber will der Herr General zwei Eselslasten israelitischer Erde mit nach Damaskus nehmen, damit er den Gott Israels, der ihm geholfen hat, auf dessen eigener Erde anbeten kann: ein rührend archaischer Zug, in dem noch vorausgesetzt ist, dass Götter an ein konkretes Land gebunden sind – also auch Jahwe an das Land Israel. Natürlich weiss die israelitische bzw. jüdische Leserschaft, dass Israels Gott auf ein kleines Stück eigenen Bodens nicht angewiesen ist, sondern überall angebetet werden kann …

In 2Kön 6,1–7 folgt wieder eine «normalere» Wundergeschichte: Da ist Elischa in der Lage, eine ausgeliehene Axt aus dem tiefen Schlick des Jordan hervorzuzaubern, in den sie versunken ist. (Man sieht an einer solchen Erzählung, wie armselig diese Prophetengruppen lebten: Eine Axt ist ein Wertgegenstand, man muss sie leihen, besitzt sie nicht; man muss sie unbedingt zurückerhalten und zurückgeben, eine neue kaufen kann man nicht. Eben diesen Hintergrund weisen auch schon die erwähnten Speisungsgeschichten auf.)

Ein Nachklang dieser Thematik findet sich noch am Anfang von 2Kön 8: Da gelingt es Elischa, einer ins Ausland geflüchteten Witwe wieder zu ihrem Besitz zu verhelfen. Es ist angeblich die Frau, deren Sohn er einst aus dem Tod zurückgeholt hat.

*Elischa als Kriegsmann*

Der zweite grosse Motivzug ist «Elischa im Krieg». Das fängt an mit 2Kön 3, wo der Prophet als eine Art himmlischer Rückversicherung mit dem König Israels in eine Schlacht gegen den südöstlichen Nachbarn Moab zieht. Das Heer muss einen Umweg nehmen und gerät in eine wasserlose Gegend, die Soldaten drohen zu verdursten. Man bittet Elischa um Abhilfe – und er lässt einen Leiermann holen, dessen Spiel ihn in Ekstase bringt, woraufhin er genau die Stelle angibt, wo man erfolgreich nach Wasser graben kann. Zudem verkündet er ein Siegesorakel gegen Moab – und tatsächlich gelingt ein überraschender Sieg über diesen Feind. Dann aber geschieht etwas Unvorhergesehenes, Schauerlich-Schreckliches: Unter dem Druck des israelitischen Angriffs opfert der Moabiterkönig auf der Stadtmauer seinen Erstgeborenen – und daraufhin, heisst es, «kam grosser Zorn über Israel, und sie zogen ab von ihm und kehrten zurück in ihr Land» (2Kön 3,27). Offenbar kann Israels Gott das grauenhafte Menschenopfer nicht mit ansehen und verlangt von seinem Volk den Abzug; dagegen kann dann auch der Prophet Elischa nichts ausrichten. (Übrigens kommt die Erzählung 2Kön 3 durch diesen Schluss doch wieder einigermassen überein mit der schon erwähnten Stele des damaligen Moabiterkönigs Mescha, auf der er sich für einen grandiosen Sieg über Israel feiern lässt. Bei ihm ist natürlich von der Opferung eines Königssohns nicht die Rede, da siegt Moab einfach aufgrund eigener Kraft und dank der Unterstützung seines Gottes Kamosch.)

Die übrigen Elischa-Kriegsgeschichten handeln von Kämpfen mit dem im Bereich des heutigen Syrien wohnhaften Aram. Gleich die erste einschlägige Erzählung zeigt Elischa als Wundermann-im-Krieg. Er gibt regelmässig seinem, dem israelitischen

König militärtaktische Hinweise, sodass die Aramäer trotz ihrer Überlegenheit Israels nicht Herr werden. Der Aramäerkönig erfährt schliesslich, wer schuld ist an der Malaise. Er sendet daraufhin eine Truppe zu Elischas Verhaftung aus, die sich zwar dem Wohnort des Propheten nähert, dann aber, von Gott mit Blindheit geschlagen, nicht mehr aus noch ein weiss, sich von Elischa (natürlich von ihm, von wem sonst?) den Weg weisen lässt – und sich prompt inmitten der israelitischen Königsstadt Samaria wiederfindet, wo sie natürlich verloren ist. Der israelitische König fragt Elischa, ob er diese Kerle jetzt alle niedermachen lassen solle. Doch der Prophet rät ihm, sie nicht nur leben zu lassen, sondern zu verköstigen und dann nach Hause zu schicken. Der König hält sich an diese Weisung, und das Ergebnis ist, dass «die Streifscharen Arams nicht mehr ins Land Israels kamen». So wird der Kriegsprophet Elischa zum Helden einer aussergewöhnlich ermutigenden Antikriegsgeschichte!

Eine sehr lange Erzählung (in 2Kön 6,14 – 7,20) handelt davon, dass die turmhoch überlegenen Aramäer die israelitische Residenzstadt Samaria belagern und dadurch eine schwere Hungersnot auslösen, die bei den Eingeschlossenen zu nicht weniger als zu Kannibalismus führt. Elischa jedoch sagt, gegen allen Augenschein, die wunderbare Errettung der Stadt voraus. Tatsächlich ziehen die Feinde, weil sie Halluzinationen von einem heranrückenden, gewaltigen Entsatzheer haben, Hals über Kopf ab. Die Belagerten halten das für derart unmöglich, dass niemand sich aufmacht, die veränderte Lage festzustellen – bis endlich ein paar Aussätzige (ausgerechnet sie!), um nicht zu verhungern, Richtung Feind gehen – und dort niemanden mehr vorfinden. Sie stehlen Gold und Silber, so viel sie können, machen aber schliesslich Meldung, doch keiner glaubt ihnen, der König rechnet mit einer Falle. Endlich sendet man Boten auf einem Wagen aus, und die finden bis hin zum Jordan nichts als weggeworfene Kleider und Waffen, aber keine feindlichen Soldaten mehr.

Eine überaus befremdliche Geschichte über Elischas Haltung gegenüber Aram findet sich in 2Kön 8,7–15: Da zieht der Prophet nach Damaskus, wo der regierende König krank darniederliegt. Ein aramäischer General namens Hasaël befragt den Propheten nach dem Schicksal seines Herrn – worauf Elischa ihm zu verstehen gibt, er, Hasaël, werde der neue König sein. Dieser hartgesottene Kriegsmann lässt sich das nicht zweimal sagen, geht hin, erstickt seinen König mit einem Kissen und setzt sich selbst auf den Thron. Nun war dieser Hasaël nicht irgendein Aramäerkönig, sondern ein grosser Eroberer und eine Geissel für den Nachbarn Israel. Ausgerechnet ihn soll Elischa eingesetzt haben!

Diese Erzählung führt hinüber zur nächsten Unterquelle, der Jehu-Novelle. Auch in ihr wird zwar nicht Elischa selbst, aber einer seiner Schüler zum Königsmacher, und der von ihm eingesetzte Jehu erweist sich als wahrer Berserker im Kampf gegen die Omriden und ihre Anhänger. Hasaël und Jehu sind aus dem gleichen Holz geschnitzt, beide werden mit Elischa verbunden – und beide arbeiteten wohl Hand und Hand. Da zeichnen sich unheimliche Verbindungslinien ab, denen man im Detail kaum mehr auf die Spur kommt.

## Die Jehu-Novelle in 2. Könige 9–10

In der Jehu-Novelle (2Kön 9–10) betreten wir ein ganz anderes literarisches Feld als in den Elija- und Elischa-Überlieferungen. Nicht der Glaube steht hier im Vordergrund, sondern die Politik.

Doch so wenig der Glaube der Propheten unpolitisch ist, so sehr spielt das Religiöse in die Umsturzgeschichte hinein. Der neue König wird von einem Propheten gesalbt; sein Kampf gilt nicht nur dem politischen Gegner, sondern auch dessen baalistischen Neigungen, was sich exzessiv Bahn bricht in einem Massenmord an Baalsanhängern in 2Kön 10,17–27 (einem Abschnitt, den manche Fachleute für zugesetzt halten, was mir aber nicht einleuchtet).

Das Geschehen wird nicht, wie in den Propheten-Zyklen, in Anekdoten und Episoden, sondern es wird in einer dramatisch bewegten Handlungsfolge geschildert – im Stil einer Novelle eben. Es wird Spannung aufgebaut. Niemals wird klar, ob dem Putschisten Jehu die Sympathien des Erzählers gehören – und ob ihm unsere gehören sollten. Isebel, Jehus Gegenspielerin, wird weder schlecht noch klein gemacht; sie zeigt Grösse und Kraft, wenn auch nicht zum Guten. Man wird kaum fehlgehen, wenn man diese Erzählung relativ nah an den Ereignissen entstanden denkt. Bei ihrer Einarbeitung in das Prophetische Erzählwerk, vielleicht auch später noch, mag sie die eine oder andere Erweiterung erfahren haben – vor allem in der Prophetenszene am Anfang von 2Kön 9. Hier lohnt sich ein genauerer Blick. Der betreffende Passus im Wortlaut:

«Und Elischa, der Prophet, rief einen der Prophetenjünger und sprach zu ihm: Gürte deine Hüften, nimm diesen Ölkrug mit dir und geh nach Ramot-Gilead. Und wenn du dort ankommst, sieh dort nach Jehu, dem Sohn des Jehoschafat, des Sohns von Nimschi. Dann geh hinein, lass ihn aufstehen aus dem Kreis seiner Brüder und führe ihn ins hinterste Gemach. Dann nimm den Krug mit Öl, giesse es über sein Haupt und sprich: So spricht JHWH: Ich salbe dich zum König über Israel! Dann aber öffne die

Tür und flieh! Zögere nicht! Da ging der junge Mann, der junge Prophet, nach Ramot-Gilead. Und als er hinkam, sieh, da sassen die Anführer des Heeres beisammen, und er sprach: Anführer, ich habe dir etwas zu sagen! Und Jehu sagte: Wem von uns allen? Und er sprach: Dir, Anführer! Da stand dieser auf und kam ins Haus. Und jener goss ihm das Öl über das Haupt und sprach zu ihm: So spricht JHWH, der Gott Israels: Ich salbe dich zum König über das Volk JHWHs, über Israel! Das Haus Ahabs, deines Herrn, aber sollst du erschlagen, und so werde ich Rache nehmen an Isebel für das Blut meiner Diener, der Propheten, und für das Blut aller Diener JHWHs. Und das ganze Haus Ahabs soll umkommen; und wer zu Ahab gehört und an die Wand pisst, den werde ich ausrotten, Sklaven und Freie in Israel. Und das Haus Ahabs werde ich zurichten wie das Haus Jerobeams, des Sohns von Nebat, und wie das Haus des Bascha, des Sohns von Ahija. Und Isebel werden die Hunde fressen auf dem Feldstück von Jesreel, und niemand wird da sein, der sie begräbt. Dann öffnete er die Tür und floh» (2Kön 9,1–10).

Ein paar Zeilen fallen aus dieser Erzählung klar heraus. Elischa hatte seinem Schüler aufgetragen: Salbe ihn – dann öffne die Tür und flieh! Der Schüler salbt Jehu – öffnet aber nicht sofort, sondern erst nach einer längeren Rede die Tür, um zu fliehen. Die Rede, die er nach der jetzigen Darstellung dem Jehu hält, ist ganz in dem drastischen Stil der deuteronomistischen Prophetenreden gehalten: «Wer zu Ahab gehört und an die Wand pisst, den werde ich ausrotten, Sklaven und Freie in Israel»; es folgt der ausdrückliche Rückverweis auf die – inzwischen wahrgewordenen – Prophezeiungen gegen Jerobeam und Bascha. Da führt unverkennbar der prophetische Deuteronomist die Feder, um den Auftritt des Elischaschülers an die früheren Prophetenauftritte anzugleichen.

Am Ende des Einschubs steht eine Drohung gegen die Königsmutter Isebel, wie sie nach dem jetzigen, deuteronomistisch erweiterten Text von 1Kön 21 schon Elija ausgestossen hatte – und tatsächlich erfüllen sich diese Weissagungen im Folgenden sehr exakt (was denn auch ausdrücklich vermerkt wird). Da kommt nämlich Jehu, nachdem er die Könige Ahasja und Joram umgebracht hat, nach Jesreel, wo ihn Isebel, am königlichen Erscheinungsfenster stehend, mit Hohn und Spott begrüsst. Er gibt kurz den Wink nach oben, man möge sie hinunterstürzen, was umgehend geschieht. «Und sie stiessen sie hinunter, und ihr Blut spritzte an die Mauer und über die Pferde, und er zerstampfte sie. Dann ging er hinein, ass, trank und sagte: Seht nach dieser Verfluchten und begrabt sie, denn sie ist eine Königstochter. Und sie gingen, um sie zu begraben, fanden von ihr aber nichts als den Schädel, die Füsse und die Hände. Da kamen sie zurück und berichteten es ihm, und er sprach: Das ist das Wort JHWHS, das dieser durch seinen Diener Elija, den Tischbiter, gesprochen hat: Auf dem Feldstück von Jesreel werden die Hunde das Fleisch Isebels fressen. Und wie Mist auf dem Feld wird der Leichnam Isebels sein auf dem Feldstück von Jesreel, so dass man nicht sagen kann: Dies ist Isebel» (2Kön 9,33–37).

Wieder ist klar: Die letzten Zeilen mit dem Rückverweis auf die Weissagung Elijas ist ein Zusatz der prophetisch-deuteronomistischen Redaktion. Ursprünglich war nur, kurz und grässlich, mitgeteilt worden, wie Isebel zu Tode kam. Soll man dies für einen ruchlosen Mord halten und erschrecken – oder denken: Sie hat es verdient? Der redaktionelle Zusatz macht es dann klar: Die Propheten hatten es so angekündigt, also war es in Ordnung.

Nur eine Seitenbemerkung noch, um zu zeigen, dass diese (positive) Wertung der Mordtaten Jehus nicht die einzige ist, die es im Alten Testament und in der Prophetie gibt. Der Prophet Hosea, der noch vor dem Ende der von Jehu begründeten Nimschiden-Dynastie im Nordreich Israel wirkte, hatte seinem ersten Sohn den Namen «Jesreel» zu geben (den Namen einer Stadt, wohlgemerkt!) und erhielt dafür von Gott die Begründung: «denn nur noch kurze Zeit, dann suche ich das Haus des Jehu heim, der Blutschuld von Jesreel wegen» (Hos 1,4). Die Blutschuld von Jesreel – das sind Jehus Mordtaten. Tatsächlich ging die Jehu-Dynastie wenig später in einer Folge von Thronstürzen unter, und diese führten alsbald zum Untergang Israels. «Wer Gewalt sät, wird Gewalt ernten.»

## Die Atalja-Joasch-Erzählung in 2. Könige 11–12

Eine spannende Erzählung in den Kapiteln 11 und 12 des 2. Königsbuchs lässt uns Zeugen von etwas ganz Aussergewöhnlichem werden: dass in Jerusalem eine Zeitlang eine Königin, kein König, auf dem Thron sass. Und diese Frau entstammte nicht einmal dem Davidhaus, sondern, unfassbar, dem nordisraelitischen Königshaus Omri. Sie hiess Atalja und war vermutlich eine Tochter Ahabs und womöglich Isebels. Ein schlechterer Leumund lässt sich nicht denken! Am Anfang von 2Kön 11 wird erzählt, wie diese Frau angeblich an die Macht gelangte. Sie soll, als sie «sah», dass ihr Sohn Ahasja tot war (getötet von Jehu bei dessen Putsch), alle männlichen Davididen umgebracht und sich selbst auf den Thron gesetzt haben. Diese Darstellung erfüllt den Tatbestand übler Nachrede; denn in der Jehu-Novelle, in 2Kön 10,12–14, wird in aller wünschenswerten Offenheit berichtet, dass es *Jehu* war, der 42 Angehörige des judäischen

Königshauses «geschlachtet» und ihre Leichen in eine Zisterne geworfen hat. In 2Kön 11 wird dieser Massenmord Atalja angehängt – aller Wahrscheinlichkeit nach zu Unrecht. In Wahrheit dürfte sie nach Jehus Massakern die einzige Überlebende des Davidhauses gewesen sein und daraufhin beschlossen haben, das Feld nicht einfach dem Putschisten im Norden zu überlassen, sondern in Jerusalem die omridische Politik weiterzuführen. Es gab allerdings in Juda Kreise, die das nicht schätzten, die vielmehr den Umschwung im Norden auch im Süden nachvollziehen wollten. Und eine Omridin auf dem Davidthron war für sie ohnehin ein No-Go. Angeblich war es ihnen gelungen, vor der vermeintlichen Massenmörderin Atalja *einen* Prinzen zu retten, einen sehr kleinen Knaben mit Namen Joasch, den man sechs Jahre vor Königin Atalja versteckt hielt.

Und dann erfolgte der Gegenschlag: Der Jerusalemer Hohepriester Jojada traf Absprachen mit der königlichen Leibwache, liess den siebenjährigen Joasch im Tempel inthronisieren und die abgesetzte Königin auf dem Palastareal töten. Hinter dieser Revolte taucht eine Gruppe auf, die von da an eine wichtige Rolle in der judäischen Politik spielt: das «Volk des Landes», vielleicht könnte man sagen: die «Nationaljudäer». Sie jubelten, heisst es in 2Kön 11,20, über den gelungenen Coup, während die Stadt Jerusalem «ruhig» geblieben sei. Hier zeigt sich ein tiefer Riss in der judäischen Gesellschaft: Stadtadel versus Landbevölkerung. Der vielgerühmte König Joschija soll wieder vom «Volk des Landes» auf den Thron gehoben worden sein (2Kön 21,24), ehe dieses, gegen Ende der staatlichen Zeit, an Einfluss verlor.

In 2Kön 12 wird dann berichtet, dass Joasch, im Benehmen mit dem Priester Jojada, den baulichen Unterhalt des Tempelgebäudes auf eine solide Basis stellte. Er erhält denn auch von der deuteronomistischen Redaktion gute Noten, während der Königin Atalja nicht einmal die Königs-Anfangs- und Schlussformeln zugestanden werden – wodurch sie in der Reihe der Davididenkönige wirkt wie eine Unperson, ein bedauerlicher Zwischenfall, den die deuteronomistischen Redaktoren nur deswegen erwähnten, weil sie quellentreu waren – und weil das Ganze ja mit Joasch zu einem guten Ende gefunden hat. Es ist nicht leicht zu sagen, woher Berichte wie die in 2Kön 11 und 12 verwerteten stammen: ob sie selbstständig umliefen, ob sie im «Tagebuch» der Könige von Juda standen – oder in einer eigenen Tempelquelle. Jedenfalls ehrt es die Deuteronomisten, dass sie ihnen in ihrem Werk Raum gaben.

## Die Jesaja-Legenden in 2. Könige 18–20

Die nächste Quelle, die die Deuteronomisten übernahmen, war erst relativ kurz vor ihrem eigenen Tätigwerden entstanden. Die sogenannten Jesaja-Legenden in 2Kön 18–20 erzählen zwar von dem Propheten Jesaja, der im letzten Drittel des 8. Jahrhunderts gewirkt hat, doch stammen sie nicht aus dieser Zeit. Es gibt nämlich im biblischen Jesajabuch authentische Worte Jesajas, die von der Haltung, die er in den Legenden zeigt, meilenweit entfernt sind. Der historische Jesaja ist vehement denjenigen politischen Kräften entgegengetreten, die kurz vor 701 v. Chr. einen markanten Politikwechsel vollzogen: vom Machtbereich des neuassyrischen Grossreichs weg in den des ägyptischen Pharaonenreichs. Jesaja plädierte für einen neutralen Kurs *zwischen* den Grossmächten, er wollte einen Krieg mit Assur unbedingt vermieden wissen. Die politisch Verantwortlichen seiner Zeit liessen sich jedoch nicht zurückhalten, und es kam zum Desaster: Juda wurde von assyrischen Truppen überrannt, Jerusalem eingeschlossen. Gerade noch rechtzeitig, so scheint es, unterwarf sich der damalige König Hiskija der feindlichen Übermacht, zahlte schweren Tribut und liess die Verkleinerung des ihm unterstellten Territoriums und die Wiedereingliederung des Rests ins assyrische Imperium zu.

Eben diese Vorgänge werden im 2. Königsbuch beschrieben, aber nicht in den Jesaja-Legenden, sondern in den judäischen Annalen. Im 14. Jahr Hiskijas, lesen wir in 2Kön 18,13–16, habe der Assyrerkönig Sanherib alle befestigten Städte Judas erobert, worauf Hiskija ihm eine Unterwerfungsbotschaft zukommen liess: «Ich habe mich vergangen [oder: gesündigt]. Zieh ab von mir, was du mir aufbürdest, werde ich tragen. Da auferlegte der König von Assur Hiskija, dem König von Juda, dreihundert Kikkar Silber und dreissig Kikkar Gold.» Hiskija habe daraufhin alles Edelmetall aus Palast und Tempel ausgeräumt und dem assyrischen König übergeben.

Damit stimmt recht genau ein Eigenbericht jenes Assyrerkönigs Sanherib überein: Er habe 46 judäische Städte eingenommen und 200 000 Menschen unterworfen, Hiskija aber in seiner Residenz eingeschlossen «wie einen Käfigvogel». Am Ende habe er einen gewaltigen Tribut von Gold, Silber, Antimon, elfenbeinverzierten Möbeln, Ebenholz und dazu 50 Palastdamen hinter sich her nach Ninive schicken lassen.

So war das wohl im Schreckensjahr 701 v. Chr. In den Jesaja-Legenden aber wird ein ganz anderes Bild gemalt. Zwar kommt auch hier die Belagerung Jerusalems in den Blick, es wird sogar die Einschüchterungsrede eines assyrischen Generals wiedergegeben – doch dann rückt der Prophet Jesaja in den Fokus: nicht als

Kritiker des antiassyrischen Kurses, sondern als einer, der seinem König Hiskija den Rücken stärkt, ihn ermutigt, nicht aufzugeben, ihm eine wunderbare Rettung Jerusalem voraussagt. Und tatsächlich: Eines Morgens sind die Belagerungstruppen verschwunden – wie man erfährt: weil in der Nacht der Pestengel unter ihnen 185 000 Mann erwürgt hat. Jerusalem wurde also nicht freigekauft um schweren Tribut, sondern wunderbar errettet durch Gottes Eingreifen.

Nach einer einleuchtenden wissenschaftlichen Theorie entstand der Grundstock dieser Legenden in den letzten Jahren vor der Zerstörung Jerusalems durch die Babylonier. Damals riet der Prophet Jeremia zur Unterwerfung unter Babylon, doch behielt eine Gegenpartei, die Kriegs- und Durchhalteparolen verbreitete, die Oberhand. Offenbar erzählte man in Kreisen dieser Kriegspartei von der analogen Situation im Jahr 701; auch damals sei Jerusalem zur Aufgabe aufgefordert worden – nicht durch einen Propheten (wie jetzt durch Jeremia), sondern durch einen assyrischen General. Dessen Entmutigungsrede gleicht verblüffend den Reden Jeremias, während der Jesaja der Legenden redet wie die Vertreter der Kriegspartei 120 Jahre später. Offenbar waren die Jesaja-Legenden eine geistige Waffe im Ringen um Krieg oder Nicht-Krieg kurz vor dem Untergang Jerusalems, und die Kriegsbefürworter zogen den – in Wahrheit alles andere als kriegerischen – Propheten Jesaja auf ihre Seite.

Wahrscheinlich war es der prophetische Deuteronomist, der diese – in sich durchaus eindrucksvollen – Erzählungen in die Königsbücher aufnahm. Dabei kam ihm zupass, dass in ihnen der König Hiskija einmal ein berührendes und in deuteronomistischen Ohren gewiss wohlklingendes Buss- und Bittgebet an Gott richtet (2Kön 19,15–19), und dass einmal auch von einem

Zusammenstoss zwischen Jesaja und Hiskija berichtet wird – ähnlich den Konfrontationen zwischen Propheten und Königen im «Buch der Prophetengeschichten». Dieses eine Mal tat Hiskija nämlich etwas, was nicht im Sinn Jesajas war, und dieser sagte ihm daraufhin als Strafe den Untergang Judas voraus, wie er sich im Jahr 587 v. Chr. tatsächlich ereignet hat (2Kön 20,17f). Diese Episode hat der prophetische Deuteronomist sehr bewusst ans Ende der Jesaja-Legenden gestellt – und diese damit zu einem weiteren Beispiel für die königskritische Grundeinstellung der Propheten gemacht.

## Der Bericht von Joschijas Reform in 2. Könige 22–23

Vom Reformkönig Joschija erzählen zwei Kapitel: 2Kön 22 und 23: am Anfang, wie er als Achtjähriger vom «Volk des Landes» auf den Thron gehoben (2Kön 22,1f), am Ende, wie er vom Pharao Necho ums Leben gebracht wurde (2Kön 23,29f). Dazwischen geht es um ein einziges, den Deuteronomisten offenbar enorm wichtiges Thema: Wie bei von ihm veranlassten Renovationsarbeiten im Tempel ein Buch der «Tora JHWHS» gefunden wurde, wie er sich dieses vorlesen liess und entsetzt darüber war, dass seine Weisungen unbeachtet geblieben waren; wie eine Prophetin namens Hulda über den Stellenwert des Buchs befragt wurde und seine Autorität bestätigte, den Untergang Jerusalems aber für unabwendbar erklärte (da hört man wieder den prophetischen Deuteronomisten!); wie der König eine Versammlung aller Ältesten von Juda und Jerusalem einberief, ihnen das gefundene Buch vorlas und mit ihnen einen Vertrag zu seiner Umsetzung schloss; wie er dann eine lange Reihe kultischer Reformmassnahmen ergriff und so den Jerusalemer Tempel von fremdreligiösen Einflüssen (besonders assyrischer Provenienz) befreite, während er alle Heiligtümer ringsherum im Land schloss und ihre Priester als Klerus minor nach Jerusalem versetzte.

Im Vorangegangenen wurde schon die Hypothese referiert, wonach das «Gesetzbuch», das da «gefunden» bzw. dem König zugespielt wurde, vermutlich das Deuteronomium war (vielleicht in einer dem heutigen Umfang gegenüber kürzeren Urform). Denn das Deuteronomium fordert tatsächlich die Reinheit des Jahwe-Kults und seine Zentralisierung in Jerusalem. (Es enthält daneben noch eine Menge anderer Weisungen: zum Schutz der Armen, zu den Ordnungen von Familie und Staat, zum Umgang mit der Natur – doch all dies interessierte die Deuteronomisten weniger als die Frage des Kultus und der Jahweverehrung.)

Nach neueren exegetischen Einsichten ist das Deuteronomium als eine Art abgewandelter Vasallenvertrag gestaltet: Israel wird, statt auf den assyrischen Grosskönig, auf den Gott Jahwe verpflichtet, auf die Einhaltung seiner Gebote, insbesondere auf das seiner alleinigen Verehrung. «Ein Gott – ein Volk – ein Tempel», so lautet das Motto.

Historisch-politisch hat das Deuteronomium und seine Installation durch Joschija in dessen 18. Regierungsjahr, d. h. im Jahr 622 v. Chr., den Effekt einer Abwendung von Assur. Der Niedergang dieses lange Zeit unbesiegbar scheinenden Grossreichs war damals für wache Zeitgenossen schon absehbar. Bereits um die Mitte des 7. Jahrhunderts hatte Assyrien die Kontrolle über das zuvor unterworfene Ägypten verloren und wurde im eigenen Kernland von bürgerkriegsartigen Unruhen erschüttert, 625 v. Chr. sagte sich Babylonien offiziell von dem Staatsverbund los, und schon 612 v. Chr. zerstörte ein babylonisch-medisches Heer die glanzvolle Metropole Ninive. Joschija witterte diesen Umschwung offenbar, entwickelte eine judäische Unabhängigkeitspolitik und setzte im Innern Judas Reformen durch, die gewiss nicht nur kultische, sondern auch politische und soziale Bereiche betrafen. Den baldigen Untergang des Königreichs Juda vermochte er freilich nicht abzuwenden. Davon zeichnen die deuteronomistischen Königsbücher in ihren beiden Schlusskapiteln 2Kön 24 und 25 ein schonungslos ungeschminktes Bild – bis hin zu der eingangs erwähnten überraschenden Aufhellung durch die Nachricht von der Rehabilitierung des deportierten Königs Jojachin im Jahr 562 v. Chr.

# Wirkungsgeschichte der Königsbücher

## Nachdeuteronomistische Erweiterungen der Königsbücher

Die deuteronomistische Redaktionsarbeit, so wie im Vorangehenden geschildert, hat zu sicher mehr als 90 % des endgültigen Textumfangs der Königsbücher geführt. Die deuteronomistische Bewegung zählt in der alttestamentlichen Literaturgeschichte bereits zu den Spätfrüchten. Doch zwischen der Zeit ihrer Tätigkeit (im 6. und 5. Jahrhundert v. Chr.) und dem Zeitpunkt der faktischen Kanonisierung des Bibeltexts (der Tora wohl im 4. Jahrhundert, der übrigen Schriften bald danach) liegt eine gewisse Zeitspanne, in der die bis dahin entstandenen Texte noch verändert – in der Regel: erweitert – werden konnten. So auch im Fall der Königsbücher.

Insbesondere in zwei Kapiteln – 1Kön 8 und 2Kön 17 – scheinen Spätere noch namhaft eingegriffen zu haben. Beides sind Stellen, an denen sich die auf die Deuteronomisten folgenden Generationen in besonderer Weise angesprochen fühlten, wo sie nach zusätzlichen Klärungen verlangten. An beiden Orten schliessen sich die jungen Zufügungen an ältere, teils noch vordeuteronomistische, teils deuteronomistische Ausführungen an – wobei letztere in sich zuweilen auch schon mehrstufig sind. So hat man hier Musterbeispiele einer über mehrere Stufen fortschreitenden Textentwicklung vor sich, ehe diese zu ihrer kanonischen, und das heisst: nicht mehr antastbaren, Endform erstarrte.

Die erste dieser Stellen ist die Einweihung des salomonischen Tempels von Jerusalem, genauer: Salomos Tempelweihgebet (1Kön 8). Es ist nicht verwunderlich, dass sich Spätere gerade hier zu Wort meldeten, war doch der nach dem Ende des babylonischen Exils errichtete Zweite Tempel *der* Dreh- und Angelpunkt der sich herausbildenden jüdischen Religion und auch der wirtschaftliche und politische Mittelpunkt der halbautonomen persischen Provinz Jehud. Der Hohepriester am Tempel war *der* Repräsentant der Judäer bzw. Jüdinnen gegenüber den persischen wie auch noch den griechischen und römischen Autoritäten. Auf diesen Sachverhalt wirft noch das Neue Testament, namentlich in der Passionsgeschichte Jesu, ein Schlaglicht: Die wichtigen Entscheidungen hat der Hohepriester – wenn auch im Benehmen mit dem Synhedrium – zu fällen; die religiöse Elite ist zugleich auch die politische und ökonomische Oberschicht. Und diejenigen Jüdinnen und Juden, die als Diaspora im mehr oder weniger weit entfernten Ausland lebten, orientierten sich allesamt auf die heilige Stadt Jerusalem und auf das Heiligtum in ihrer Mitte hin. So werden Einheimische wie Auswärtige mit besonderer Anteilnahme und Spannung den Bericht über Bau und Einweihung des salomonischen Tempels gelesen haben.

Am Grund der diesbezüglichen Traditionsbildung liegt der Passus 1Kön 8,6–13, ein Auszug aus einer älteren Quelle – sei es der Königsanalen oder einer eigenen Tempelgeschichte: Nachdem die heilige Lade als zentraler Kultgegenstand ins Allerheiligste gebracht worden ist (8,6–9), erfüllt eine Wolke das Heiligtum – sichtbarer Hinweis auf die Anwesenheit des unsichtbaren Gottes

(8,10f). In diesem weihevollen Moment rezitiert Salomo den sogenannten Ladespruch (8,12f): ein wohl uraltes Lied, das laut der griechischen Textfassung dem «Buch des Aufrechten» entnommen war – einem Liederbuch, in dem Gesänge aus der Frühzeit Israels gesammelt waren (vgl. seine Erwähnung im hebräischen wie im griechischen Text von Jos 10,13 und 2Sam 1,18). Danach wendet sich Salomo der Gemeinde zu und segnet sie (8,14) – ein würdiger Abschluss dieser Geschichte.

Doch die Deuteronomisten wollten diesen hochkultischen, feierlichen Vorgang noch ein wenig auskosten. Sie legen dem König eine in gut deuteronomistischem Stil geformte Rede in den Mund, die auf die Erzählung über die Natanweissagung in 2Sam 7 zurückgreift: David habe die ernsthafte Absicht gehabt, einen Tempel zu errichten, doch Gott habe ihn gehindert und diese Aufgabe seinem Sohn und Nachfolger zugewiesen, der dieser – eben Salomo – jetzt nachgekommen sei (1Kön 8,15–21). Eine deutlichere Verknüpfung der Königs- mit den Samuelbüchern lässt sich kaum denken. Damit noch nicht genug: Salomo tritt an den Altar – wichtigstes Requisit des Opferkults im neuen Tempel –, breitet die Hände zum Himmel aus und bittet Gott um die Erfüllung der von Natan gesprochenen Dynastieweissagung (1Kön 8,22–26).

Bis dahin war alles gut deuteronomistisch. Doch in 1Kön 8,27 kommt ein neuer Ton auf: «Sollte Gott wirklich auf der Erde wohnen?», fragt Salomo – offenbar nicht mehr in der Hinwendung zu Gott, sondern die schwerwiegende Frage nach der Realpräsenz Gottes im Tempel reflektierend: Wenn doch alle Himmel Gott nicht fassen können – wie kann es dann dieses irdische Haus? Kurz kehrt Salomo noch einmal zu Erwartbarem zurück: Gott möge seine und aller Gläubigen Gebete erhören (8,28–30a)!

Dann aber wieder: Er möge vom Himmel aus hören – so, als wäre er der Erde und diesem Tempel sehr fern (8,30b). Er solle, bittet Salomo, hören, wenn ein Zwist zwischen Bürgern vor ihn gebracht werde; oder wenn sein Volk nach einer Niederlage im Krieg reumütig vor ihn trete; oder wenn es für seine Sünden mit einer Dürre bestraft werde und sich daraufhin flehentlich an ihn wende; oder wenn Hungersnot eintrete, die Pest wüte, Heuschrecken kämen, Feinde einfielen oder sonst etwas Schlimmes passiere – «jeder Mensch weiss, was sein Herz plagt»! Und wenn dann der Gläubige «seine Hände ausbreitet zu diesem Haus hin, dann erhöre du es im Himmel, an der Stätte, wo du wohnst, und vergib und greif ein und gib einem jeden, wie es seinem Tun entspricht» (8,31–39). Unschwer erkennt man in diesen Aussagen eine Anweisung zu rechtem Bittgebet in Richtung auf Jerusalem hin. Darin äussern sich unverkennbar die Anliegen eines weltweit verstreuten Judentums. Schliesslich werden die Gebetstüren aber auch noch (nichtjüdischen) Proselyten geöffnet: «Auch den Fremden, der nicht aus deinem Volk Israel stammt, sondern deines Namens wegen aus einem fremden Land kommt […] –, wenn er kommt und zu diesem Haus hin betet, dann erhöre du ihn im Himmel, der Stätte, wo du wohnst» (8,41–43). Am Schluss seines Gebets verwendet sich Salomo ausdrücklich für die Jüdinnen und Juden in der Diaspora (8,44–51): «Wenn sie dann von ganzem Herzen und von ganzer Seele zurückkehren zu dir im Land ihrer Feinde, die sie in die Gefangenschaft geführt haben, und beten zu dir, hingewandt zu ihrem Land, das du ihren Vorfahren gegeben hast, zu der Stadt hin, die du erwählt hast, und zu dem Haus hin, das ich deinem Namen gebaut habe, dann erhöre du im Himmel, der Stätte, wo du wohnst, ihr Gebet und ihr Flehen» (8,48f). Das sind Wünsche nicht mehr der deuteronomistischen Bewegung, sondern des weltweiten Judentums in nach-deuteronomistischer Zeit.

Nach seinem Gebet erhebt sich Salomo, segnet die versammelte Gemeinde (zum zweiten Mal!) und versichert sie der Zuwendung Gottes (8,54–61). Jahwe möge – und er werde – seinem Volk «Recht verschaffen», «damit alle Völker der Erde wissen, dass JHWH, dass er allein Gott ist und keiner sonst» (8,60). Das ist ein unverkennbar monotheistisches Bekenntnis, wie es von Deuteronomisten so nie formuliert wurde; sie predigten vielmehr die Abgrenzung von anderen Göttern, die sehr wohl existierten. Hier dagegen gibt es keinen anderen Gott mehr als Jahwe.

Endlich kehrt die Erzählung – vermutlich wieder mit Worten der alten Quelle – zum Anlass der Tempelweihe zurück: Es werden Opfer in gewaltiger Menge dargebracht, es wird dafür der auf dem Vorhof stehende Brandopferaltar in Betrieb genommen, es wird landesweit ein zweimal sieben Tage anhaltendes Fest begangen, und danach gehen die Leute zurück «zu ihren Zelten, glücklich und frohen Herzens all des Guten wegen, das JHWH für David, seinen Diener, und für Israel, sein Volk, getan hatte» (8,62–66).

In dem ganzen, in sich offenbar mehrschichtigen Kapitel ist das dringende Bedürfnis von Menschen verschiedener Epochen zu spüren, sich diesen für Israel und das Judentum so wichtigen Anlass zu vergegenwärtigen.

Der zweite grosse nach-deuteronomistische Passus findet sich in 2Kön 17. Das Kapitel beginnt in 17,1–6 mit einem Bericht aus den Annalen über den letzten König von Israel, Hosea: wie er zuerst assyrischer Vasall wurde, dann aber mit Ägypten anbändelte, um das assyrische Joch abzuwerfen, bald darauf die Tributzahlung verweigerte, daraufhin vom Grosskönig Salmanassar verhaftet und eingekerkert wurde; wie die Assyrer mit einem Heer anrückten und die israelitische Königsstadt Samaria drei Jahre lang belagerten, sie schliesslich eroberten und die Bevölkerung (vermutlich war es wohl nur die Oberschicht) in die Verbannung führten, und zwar, wie ausdrücklich vermerkt wird, nicht geschlossen an einen einzigen Orte, sondern verteilt über verschiedene Regionen im Osten des Reichs. Dies war genau das Vorgehen der Assyrer, wenn es galt, aufrührerische Völkerschaften zu «befrieden», besser: zu zerschlagen, um sie unfähig zu machen zu weiterem Widerstand. Der trockene Bericht lässt das namenlose, unsägliche Leiden der Besiegten und die unmenschlichen, brutalen Taten der Sieger lediglich erahnen. Weh dem Volk, das zum Opfer assyrischer Aggression und Repression wurde!

Die deuteronomistischen Redaktoren spürten, dass an diesem Punkt in ihrer Leserschaft eine schwerwiegende Frage aufkam: Wie konnte einem Volk, das Jahwe zum Gott hatte, derart Fürchterliches widerfahren? War dieser Gott zu schwach, sein Volk vor dieser grauenhaften Erfahrung zu bewahren? Nein, so die Antwort der Redaktoren (in 17,7–23), Jahwe war nicht schwach, sondern er war von Israel derart gereizt worden, dass er es seinen Feinden überliess. Es scheint, als werde diese Antwort in 17,7–23 von drei verschiedenen deuteronomistischen Autoren gegeben.

Der erste, der für die Grundversion des Geschichtswerks verantwortliche Deuteronomist meldet sich in 2Kön 17,7–12 zu Wort, indem er den Abfall Israels, besonders seiner Könige, von der reinen Jahwe-Verehrung geisselt: Man habe sich an den Kulten der Völker orientiert, die (laut Josuabuch!) vor Israel vertrieben worden waren, habe überall Kulthöhen errichtet und dort «Mazzeben» und «Ascheren» und sonstige «Mistgötzen» verehrt. Diese Vorwürfe liegen ganz in den Spuren des im Deuteronomium entwickelten Gebots zur alleinigen und reinen Verehrung Jahwes.

Der zweite, prophetisch gesinnte Deuteronomist wollte noch die «Sünde Jerobeams», den Stierkult in Bet-El und Dan, hervorgehoben wissen, vor allem aber betonen, dass die Katastrophe von Propheten angekündigt worden war; Namen wie Ahija von Schilo, Jehu ben Hanani, Elija werden nicht aufgerufen, scheinen aber durch die Zeilen: «Denn Israel hatte sich losgerissen vom Haus Davids, und sie hatten Jerobeam, den Sohn von Nebat, zum König gemacht, und Jerobeam hatte Israel von JHWH abgebracht und es zu grosser Sünde verführt. Und so lebten die Israeliten in all den Sünden Jerobeams, die dieser begangen hatte, sie liessen nicht ab davon, bis JHWH Israel von seinem Angesicht entfernte, wie er es angekündigt hatte durch alle seine Diener, die Propheten. Und er führte Israel fort von seinem Boden nach Assur in die Verbannung, und so ist es bis auf den heutigen Tag» (2Kön 17,21–23).

Eine dritte deuteronomistische Stimme meldet sich in 2Kön 17,13–20 zu Wort. Ihr Votum fusst offenbar auf den eben zitierten der früheren Redaktoren, lenkt die Aussage aber in eine neue Richtung. Dies geschieht markant gleich in 17,13, wo den Propheten eine andere Rolle zugewiesen wird als in 17,23: «Und JHWH warnte Israel und Juda durch alle prophetischen Seher und sprach: Kehrt zurück von euren bösen Wegen und haltet meine Gebote und Satzungen gemäss der ganzen Weisung, die ich euren Vorfahren gegeben habe und die ich euch durch meine Diener, die Propheten, gesandt habe.» Hier sind die Propheten nicht Unheilskünder, sondern Warner und Buss- und Gesetzesprediger – in der Nachfolge Moses, der offenbar nicht nur als Gesetzgeber, sondern als Erster in einer langen, nie abreissenden prophetischen Sukzessionskette gesehen wird. Dazu passen ausgesprochen «nomistische» Aussagen in den nachfolgenden Versen: Die Israeliten verliessen «alle Gebote JHWHS, ihres Gottes [...]. Aber auch Juda hielt die Gebote JHWHS, ihres Gottes, nicht, und sie lebten in den Satzungen Israels, die sie selbst eingeführt hatten» (2Kön 17,16.19).

Am Ende der deuteronomistischen Kommentare stand nunmehr eine Aussage, die der historischen Wirklichkeit nicht ganz entsprach: dass damals das Land Israel vollkommen entvölkert worden sei. In Wirklichkeit haben mesopotamische Grosskönige von unterworfenen Völkerschaften immer «nur» die Oberschicht verschleppen lassen: einerseits, um die dort angesammelten Ressourcen zu nutzen, andererseits, um die besiegten Länder gleichsam kopflos zu machen, ihnen die Kraft für weiteren Widerstand zu nehmen.

Die radikale Sicht der Deuteronomisten, wonach Israel ab 722 v. Chr. praktisch menschenleer gewesen sei, rieb sich also mit der historischen Realität, dass dort auch später durchaus Menschen lebten. Weil dies nach der deuteronomistischen Darstellung nicht mehr Israeliten sein konnten, mussten sie von aussen her ins Land gebracht worden sein. Diese – höchstens teilweise zutreffende – Sicht der Dinge ventilieren die nach-deuteronomistischen Abschnitte in 17,24–41.

Wer lebte nach 722 im Land Israel? Die erste, in 17,24 gegebene Antwort lautet: Es waren vom assyrischen Grosskönig angesiedelte Exulanten aus östlichen Regionen des Reichs. Das wirkt logisch: Wenn Israel nach (Nord-)Osten deportiert worden war, dann andere Völker nach (Süd-)Westen.

Allerdings, so die Fortsetzung in 17,25–28, funktionierte diese Umsiedlungspraxis im Land Israel nicht – wohl, weil Herr dieses Landes ein Gott war, der eine Abneigung gegen Nichtisraeliten besass. So «liess JHWH Löwen auf sie los, und diese rissen sie» – eine merkwürdige, überaus fremdenfeindliche, allerdings reichlich unglaubhafte Annahme. Der Raubtiereinfall in Israel wurde dem Grosskönig gemeldet, und dieser zieht die richtigen, nämlich religiösen Schlüsse und entsendet aus der Schar der deportierten Israeliten einen Priester, der fortan in Bet-El (ausgerechnet dort!) die Neusiedler lehrt, «wie sie JHWH fürchten sollten» – israelitische Missionsarbeit also unter den jetzt in Israel lebenden Ausländern.

Der Missionsauftrag war aber, wie nachfolgend mitgeteilt wird (17,29–33), nur teilweise von Erfolg gekrönt. Denn die im Land Israel siedelnden Heiden machten sich – fast möchte man sagen: natürlich – «ihre eigenen Götzen» und stellten diese ins «Kulthöhenhaus». Recht sachkundig werden die verschiedenen Völkerschaften und ihre «Götzen» namentlich aufgezählt (17,30f): anscheinend die Arbeit eines wohlinformierten Religionswissenschaftlers. Das Ergebnis freilich ist ein – in judäisch-jüdischen Ohren grauenhafter – Religionsmix: «Obwohl sie JHWH fürchteten, machten sie sich aus allen Teilen des Volks Priester [...]. Sie fürchteten JHWH, zugleich aber dienten sie ihren Göttern» (2Kön 17,32f). Das, notabene, ist die Religion im Gebiet des ehemaligen Israel, geradeheraus gesagt: die Religion der Samarier oder Samaritaner. Die frommen jüdischen Verfasser dieser Zeilen werden sich beim Schreiben geschüttelt haben vor Abscheu, während etwaige samaritanische Leserinnen und Leser sich in ihnen kaum wiedererkannt haben werden.

Besitzen die Samarier hier noch einen Rest an Jahwe-Gläubigkeit, so scheint ihnen auch dieser im (wohl noch späteren) Abschnitt 2Kön 17,34–40 abgesprochen zu werden: «Bis zum heutigen Tag handeln sie nach den alten Bräuchen, JHWH fürchten sie nicht, und sie handeln nicht nach den Satzungen und den Ordnungen und nach der Weisung und dem Gebot, die JHWH den Söhnen Jakobs gegeben hat» (17,34). Es folgt noch einmal eine ausführliche Gesetzespredigt, die den Israeliten angeblich zuteilgeworden war. «Sie aber hörten nicht, sondern handelten nach ihren alten Bräuchen» (17,40).

Fazit: «Und so fürchteten diese Nationen JHWH und dienten zugleich ihren Bildern; auch ihre Kinder und die Kinder ihrer Kinder machen es, wie ihre Vorfahren es gemacht haben, bis auf den heutigen Tag» (17,41). Schärfer könnte die Abrechnung mit und die Abgrenzung von den Samariern nicht sein. Im Hintergrund dieser Sätze steht offenbar schon das samaritanisch-jüdischen Schisma von 330 v. Chr. – womit wir uns in deutlich nachdeuteronomistischer Zeit befinden.

## Die Neuerzählung der Königsbücher in der Chronik

In spätpersischer oder frühhellenistischer Zeit, d. h. im ausgehenden 4. Jahrhundert v. Chr., wuchs in geistlich-gelehrten Kreisen der Provinz Jehud das Bedürfnis nach einer Neuerzählung der alten biblischen Geschichte von Genesis bis 2. Könige. Es entstanden die Chronikbücher, und auch sie atmen den antisamaritanischen Zeitgeist, der schon die Schlussabschnitte von 2Kön 17 prägte.

Der Chronist handelt die gesamte Frühzeit in der Form ausführlicher Stammbäume in 1Chr 1–9 ab, in 1Chr 10 folgt ein Kapitel über das Ende (nur das Ende!) König Sauls, in 1Chr 11–29 die Geschichte Davids: relativ ausführlich, aber das ambivalente Davidbild der Samuelbücher entschlossen aufhellend, alles Dunkle und Belastende ausblendend und ein (über)grosses Gewicht auf die Vorbereitung des Tempelbaus legend (wovon in den Samuelbüchern nur ganz am Rand die Rede ist).

Salomo erscheint in 2Chr 1–9 als noch frömmer, noch mehr auf den Tempelbau konzentriert, als in der Darstellung der Königsbücher. Vor allem: der blutig-gruselige Anfang mit der Schilderung seiner Machtergreifung in 1Kön 1–2 fehlt völlig. Stattdessen beginnt die Salomo-Geschichte gleich mit der Traumoffenbarung in Gibeon. Die Chronik erklärt den für Juden anstössigen Umstand, dass Salomo zu diesem Nicht-Jerusalemer Heiligtum pilgerte, damit, dass dort seinerzeit das von Mose errichtete «Zelt der Begegnung» gestanden habe … Die Geschichte mit den beiden Frauen, die um ein Kind streiten, fehlt wieder – wohl, weil es sich laut 1Kön 3 um zwei Huren handelte … Es fehlen auch die Minister- und Provinzlisten aus 1Kön 4. Vielmehr rückt sofort der Tempelbau ins Zentrum. Die 1000 Frauen und Nebenfrauen Salomos bleiben unerwähnt, ebenso seine aussenpolitischen Misserfolge nach 1Kön 11.

Die Geschichte des Nordreichs und seiner Könige wird in der Geschichtsdarstellung der Chronik fast völlig ausgeblendet – fast als hätte es nur das Königreich Juda gegeben. Der Grund ist die Aversion gegen die jetzt im Gebiet Nordisraels lebenden Samaritaner, die von den Juden als ärgste Konkurrenz empfunden werden und mit denen sie nichts zu tun haben wollen.

Laut der Chronik hat Elija freilich auch dem König Joram (dem judäischen, nicht dem israelitischen!) in einem Brief Götzendienst in den Spuren Ahabs vorgeworfen. Dass da der Nordisraelit Ahab und sein Götzendienst erwähnt werden, ohne dass dieser und andere Omridenkönige eine eigene Darstellung erfahren, zeigt, dass der Chronist bei seiner Leserschaft die Kenntnis der Königsbücher voraussetzt, diese aber nur eklektisch nacherzählt (bzw. neu erzählt).

Die Chronik berichtet von auffällig vielen, oft siegreichen Kriegen, die das Königreich Juda geführt habe – viel mehr als es die Königsbücher tun. Der Verfasser freut sich also an der Wehrhaftigkeit der Vorfahren: ein Wesenszug, der dem Juda seiner Zeit, das fest unter persischer bzw. griechischer Herrschaft stand, weitestgehend abging.

Der Chronist berichtet zwar nur von den Königen Judas, von diesen aber keineswegs immer nur Gutes. Er exerziert an ihnen das Funktionieren des Tun-Ergehen-Zusammenhangs durch, und dies in einer sehr starren Weise: Wenn ein König nicht eines friedlichen Todes stirbt, dann hat er vorher gesündigt; wenn er fromm war, hat er Erfolg und ein gutes Ende. Ein ausgesprochen guter, d. h. frommer König war Hiskija; von ihm werden tiefgreifende kultische Reformen berichtet, von denen der Bericht der Königsbücher kaum etwas weiss. Manasse ist so böse wie dort, wird dafür aber mit einer vorübergehenden Verschleppung nach Ninive bestraft, tut dort Busse – und darf daraufhin so lange regieren und so friedlich sterben, wie in 2Kön 21 dargestellt.

Die letzten Könige Judas werden so präsentiert, wie zu erwarten: Joschija als grossartig, Joahas, Jojakim und Zidkija als Übeltäter. Die schweren babylonischen Angriffe auf Jerusalem und die

Zerstörung der Stadt werden nur sehr knapp angedeutet, die Begnadigung Jojachins fehlt, doch dafür steht am Ende des 2. Chronikbuchs der Erlass des Kyros, der den exilierten Juden die Rückkehr in die Heimat und den Neuaufbau des Tempels von Jerusalem erlaubt. Dieses Hoffnungslicht leuchtet natürlich viel heller als bloss die Begnadigung eines exilierten Davididen, mit der die Königsbücher enden.

Der Chronist schrieb nicht, wie die Deuteronomisten, eine «Ätiologie des Untergangs», sondern eine geschichtliche Grundlegung der jüdischen Bürger-Tempel-Gemeinde, wie sie in persischer und hellenistischer Zeit bestand. Die Königsbücher dienten ihm lediglich als eklektisch genutzte Quelle für seine ganz neuartige Darstellung einer längst versunkenen und seiner Meinung nach nie mehr wiederkehrenden Ära: der Zeit der (israelitischen und) judäischen Könige.

## Zur späteren Rezeption des weisen Königs Salomo

Die Gestalt des Königs Salomo hat eine sehr breite Wirkungsgeschichte ausgelöst. Allein drei volle biblische Bücher werden ihm zugeschrieben: das Buch der Sprüche (mit ausdrücklicher Erwähnung des Königs in den drei Überschriften Spr 1,1; 10,1; 25,1), das Buch Kohelet (volkstümlich: «Prediger Salomo», wobei dieser Name freilich nicht fällt, jedoch eine sogenannte Königs-Travestie oft als literarische Selbstidentifizierung des Verfassers mit dem weisen Salomo gedeutet wird) und das Hohelied (eine Sammlung von Liebesliedern, die man Salomo wohl zutraute, weil er angeblich oder wirklich ein grosser Frauenliebhaber war; zudem verstand man das Hohelied von früh an allegorisch als

Rühmung der Liebesbeziehung zwischen Jahwe und seinem Volk, die zu besingen dem frommen König Salomo wohl anstand).

Mit Salomo werden in ihren Überschriften ferner die Psalmen 72 und 127 in Verbindung gebracht. Dabei kommt in Ps 72 eindrücklich die allgemeinorientalische und darum auch judäische Königsideologie zum Ausdruck: Der Monarch bewirkt Segen und Fruchtbarkeit in seinem Land – einschliesslich der Natur! – und nimmt sich fürsorglich der Benachteiligten und Armen an.

Im deuterokanonischen Sirachbuch gibt es ein kapitellanges «Lob der Väter»: eine hebräische Umformung des griechischen «Enkomions», d. h. der Rühmung grosser Helden und Anführer der Frühzeit. Da wird Salomo als Friedensherrscher und als Erbauer des Jerusalemer Tempels gewürdigt, dann aber – und jetzt geht der Text in den Stil hymnischer Anrede über – als überaus weiser und kunstsinniger Herrscher: «Wie warst du weise in deiner Jugend und voll wie ein Fluss an Einsicht. Die Erde bedecktest du mit deiner Einsicht und erfülltest sie mit rätselvollen Sprüchen. Bis zu den fernen Inseln drang dein Ruhm, und du wurdest geliebt um deines Friedens willen. Durch Lieder und Sprüche, durch Gleichnisse und Antworten hast du die Welt in Staunen versetzt» (Sir 47,14–17, nach der Jerusalemer Bibel). Weiter im hymnischen Stil, wird Salomo für seinen unermesslichen Reichtum gerühmt – ehe der Ton unversehens umschlägt: Leider habe er seiner Sinnlichkeit keine Zügel angelegt, zu viele Frauen gehabt und auf diese Weise den Zorn Gottes herausgefordert, was zur Reichsteilung führte. Aus lauter Liebe aber habe Gott die Davidverheissung nicht dahinfallen lassen. «Er hat Jakob einen Rest gelassen und David einen Wurzelspross aus ihm» (Sir 47,22).

Ein apokryphes Buch heisst förmlich «Weisheit Salomos» (Sapientia Salomonis). Es vertritt eine durchweg späte Weisheitslehre – jünger als die des Sprüche- und auch die des Hiobbuchs. In einer Passage verficht es leidenschaftlich die Lehre von der allgemeinen Auferstehung der Toten (die im Alten Testament noch fehlt – abgesehen von einigen ersten Andeutungen in besonders jungen Schriften). Der Autor richtet diese Lehre gegen reiche, rücksichtslos egoistische Zeitgenossen, denen er verkündet, dass sie irgendwann, spätestens im Jenseits und im Leben nach dem Tod, für ihre Niedertracht büssen müssen.

Achtzehn Lieder aus dem 1. Jahrhundert v. Chr. tragen den Titel «Psalmen Salomos» – wohl in Ausführung dessen, dass Salomo laut 1Kön 5,12 viele Lieder gedichtet haben soll.

Flavius Josephus, der berühmte jüdische, stark unter römischem Einfluss stehende Historiker aus dem 1. Jahrhundert n. Chr., lässt im 8. Buch seiner «Antiquitates Judaicae» das Bild Salomos noch etwas heller strahlen als die Königs- und die Chronikbücher. Allerdings, das ist zu seiner Ehre zu sagen, verschweigt er nicht die Schatten, die laut 1Kön 11 auf Salomos Herrschaft gefallen sind.

Eine Sammlung von 42, nun schon christlichen Hymnen aus dem 2. Jahrhundert n. Chr. trägt den Titel «Oden Salomos»; dieser König war eben auch ein begnadeter Dichter! Allerdings scheint er in den Liedern oft mit der Stimme Christi zu sprechen. Wahrscheinlich hielt man das für möglich, erstens, weil beide ja Davidsöhne waren, und zweitens, weil man Salomo auch die Gabe der Weissagung zutraute.

Eine apokryphe Schrift namens «Testament Salomos» entstand im 4. Jahrhundert n. Chr. in christlich-gnostischen Kreisen. In ihr erscheint Salomo als grosser Dämonen-Bezwinger.

Für Jesus und seine Zeitgenossen – um zeitlich noch einmal einen Schritt zurückzugehen – war Salomo der sprichwörtlich reiche, in Luxus schwimmende König. Jesus indes zeigt sich davon wenig beeindruckt: «Lernt von den Lilien auf dem Feld, wie sie wachsen: Sie arbeiten nicht und spinnen nicht. Ich sage euch aber: Selbst Salomo in all seiner Pracht war nicht gekleidet wie eine von ihnen» (Mt 6,28f).

Jesus soll auch die Erzählung vom Besuch der Königin von Saba in Jerusalem aufgegriffen haben. Diese Frau sei vom Ende der Erde gekommen, um Salomos Weisheit zu hören – «Und hier: Hier ist mehr als Salomo» (Mt 12,42b). Christus steht also über Salomo!

Eben diese Erzählung hatte eine sehr eigene und facettenreiche Nachgeschichte in Äthiopien. Das dortige Herrscherhaus führte sich nämlich zurück auf ein Liebesabenteuer der Königin von Saba mit König Salomo (von dem die Bibel freilich nichts weiss). Der gemeinsame Sohn der beiden wurde als Menelik I. nicht nur zum ersten Herrscher Äthiopiens und zum Dynastiegründer, sondern konnte bei einem Besuch in Jerusalem die heilige Lade an sich bringen, die nach Überzeugung der äthiopisch-orthodoxen Kirche bis heute in einer Kapelle der alten Königsstadt Aksum steht. (Nach wissenschaftlicher Meinung hingegen blieb sie im Jerusalemer Tempel bis zu dessen Zerstörung im Jahr 587 v. Chr., als sie von den Flammen vernichtet wurde.)

Auch in der modernen Literatur sind Spuren des biblischen Salomo zu entdecken. Die Erzählung vom salomonischen Urteil, in der der überaus kluge König herausfindet, welche von zwei Frauen die Mutter eines Kindes ist, um das beide streiten, wurde von Bertolt Brecht (1898–1956) adaptiert in seinem Stück «Der kaukasische Kreidekreis».

Friedrich Dürrenmatt (1921–1990) lässt in seinem Theaterstück «Die Physiker» den (vermeintlich) verwirrten Physiker Johann Wilhelm Möbius von sich behaupten, er sei «der weise König Salomo». Möbius rezitiert auch einen (angeblichen) Psalm Salomos. Die Leiterin der Irrenanstalt, die ihrerseits (wirklich!) nicht bei Verstand ist, behauptet, regelmässig mit König Salomo Kontakt zu haben. So geistert der weise König in fiktiver Präsenz durch dieses gesamte Stück.

Ein überaus kritisches Denkmal wurde Salomo vom deutsch-jüdischen Schriftsteller Stefan Heym (1913–2001) in seinem Roman «Der König David Bericht» gesetzt. Nach ihm hat Salomo eine Geschichtsschreibung über König David in Auftrag gegeben, die nur ein wichtiges Ziel hat: ihn selbst als Nachfolger Davids in ein günstiges Licht zu rücken. Einzig dank einem listigen Redaktor gelangten in den lobhudelnden Text Fussangeln, welche die (Bibel-)Lesenden über die wenig erfreuliche Wahrheit stolpern lassen. Heyms Salomo indes lässt sich schmeicheln und schmeichelt sich selbst als «Weisester aller Weisen» – und kann doch die abstossenden Züge eines geizigen, geltungssüchtigen und gefährlichen Tyrannen nicht verbergen, die ihn zum Spiegelbild gewisser DDR-Herrscher machen.

Auch in der Malkunst hat König Salomo seine Spuren hinterlassen. Es waren insbesondere die Geschichten vom salomonischen Urteil und vom Besuch der Königin von Saba, durch die sich zahlreiche Maler inspirieren liessen. Hier ein paar Beispiele.

Peter Paul Rubens (1577–1640) setzt den dramatischen Moment in Szene, als die beiden Frauen vor dem (noch sehr jungen!) König Salomo stehen, zwischen sich ein totes Kind und ein noch lebendes, das gerade zerteilt werden soll. Die Frau in der Mitte vorn weist auf ihre Kontrahentin rechts, als wolle sie

*Abb. 1: Peter Paul Rubens, Das salomonische Urteil*

bedeuten: «Lass ihr das Kind!» Sie ist die wahre Mutter, und Salomo gebietet gerade dem Schlächter Einhalt, um das Kind ihr zurückzugeben.

Die Königin von Saba und König Salomo sind in einer Doppelskulptur an der Kathedrale Notre Dame von Amiens (errichtet im 13. Jahrhundert) abgebildet, der Stil ist der klassisch hochgotische. Salomo erscheint als gereifter Mann; seine Besucherin ist jünger und hat vor ihm – respektvoll? – die Krone abgenommen.

Konrad Witz (1410–1445) stellt die beiden eher wie reiche Bürger dar und lässt die Königin dem König ein goldenes Gerät überreichen, nach dem er wohlwollend die Hand ausstreckt.

*Abb. 2:*
*Salomo und die Königin von Saba an der Kathedrale von Amiens*

*Abb. 3:*
*Konrad Witz, Salomo und die Königin von Saba*

*Abb. 4:*
*Schüler Raffaels (1483–1520), Salomo und die Königin von Saba*

*Abb. 5: Mattia Preti, Salomo und die Königin von Saba*

Das Motiv der kostbaren Gastgeschenke der Königin rückt – neben dem ihrer weiblichen Attraktivität – in der weiteren, namentlich der italienischen Malerei erkennbar in den Vordergrund: etwa in einem Gemälde aus der Raphael-Schule (um 1500), einem weiteren von Mattia Preti (1613–1699) sowie dem deutlich späteren von Giovanni Demin (1786–1859).

Beim Betrachten solcher Bilder mag man sich fragen, wen sie mehr rühmen wollen: die fremde, schöne, reiche Frau oder den Mann, den sie besuchen und beschenken kommt.

*Abb. 6: Giovanni Demin, Salomo und die Königin von Saba*

## Zur späteren Rezeption des prophetischen Heros Elija

Elija ist eine biblische Gestalt weit über die eigentlichen Elija-Erzählungen der Königsbücher hinaus. Vielleicht sah man ihn als *den Typus* des alttestamentlichen Propheten, vielleicht auch machte seine Himmelfahrt besonderen Eindruck.

In den letzten Versen der Maleachi-Schrift, also ganz am Ende des hebräischen Prophetenkanons bzw. des griechischen Kanons der Septuaginta überhaupt lesen wir: «Denkt an die Weisung des Mose, meines Dieners, die ich ihm am Horeb geboten habe für ganz Israel: Satzungen und Rechte! Seht, ich sende euch Elija, den Propheten, bevor der Tag JHWHs kommt, der grosse und furchtbare. Und er wird das Herz der Vorfahren wieder zu den Nachkommen bringen und das Herz der Nachkommen zu den Vorfahren» (Mal 3,22–24a). Mose und Elija in einem Atemzug, Mose am Horeb, wie ja auch Elija. Mose der grosse Geber der Tora, Elija der herausragende Prophet, der die Vergangenheit mit der Gegenwart verbindet, der gewissermassen über der Zeit steht, der für alle Generationen gleichermassen massgebend ist. Elija, der ja nicht gestorben, sondern zum Himmel aufgefahren ist, wird wiederkehren am Ende der Tage, vor dem eschatologischen Weltenbruch am «Tag JHWHs». Mit dem Begriff vom Tag Jahwes wird ein das ganze Zwölfprophetenbuch, ja den Prophetenkanon durchziehendes Motiv aufgenommen. Dieser «Tag» birgt zugleich Schrecken wie auch Hoffnung. Das Schlechte wird zum Ende kommen, eine neue, gute Welt erstehen. Das Vorabbild eines solchen grossen Umschwungs ist die Geschichte Elijas. Er brachte Dürre und brachte Regen, er unterstützte die Armen und bekämpfte ihre Unterdrücker, er wandte das Herz der Menschen vom Irrglauben ab und führte es zum Glauben an den einen, wahren Gott, er lebte ein bewegtes Leben und starb am Ende nicht, sondern fuhr auf zu neuem, unvergänglichem Leben.

Jesus Sirach, der Weise aus dem 2. Jahrhundert v. Chr., dessen Buch nur aufgrund eines Versehens lediglich in den griechischen, nicht mehr in den hebräischen Kanon gelangte, breitet in den Kapiteln 44–50 vor den Augen seiner Leserschaft ein ausführliches «Lob der Väter» aus: eine Rühmung der grossen Vorfahren Israels, reichend vom urgeschichtlichen Henoch (ausser Elija dem einzigen in den Himmel Entrückten des Alten Testaments!) bis zum Hohenpriester Simon kurz vor seiner eigenen Zeit. Mitten in dieser Kette spielt Elija eine herausragende Rolle. Der Passus über ihn sei vollständig zitiert (ausnahmsweise nach dem Wortlaut der «Jerusalemer Bibel»):

«Da stand der Prophet Elija auf wie Feuer, dessen Wort war wie ein flammender Ofen. Er brachte Hungersnot über sie, so dass er sie durch ein Eifern verminderte. Auf das Wort des Herrn hin verschloss er den Himmel und liess dreimal Feuer herniederfahren. Wie herrlich warst du, Elija, durch deine Wundertaten. Wer kann sich in seinem Stolz mit dir vergleichen? Du erwecktest einen Verstorbenen vom Tode aus der Scheol nach dem Worte des Allerhöchsten. Du liessest Könige ins Grab sinken und Vornehme von ihren Lagern. Du vernahmst am Sinai Strafdrohungen und auf dem Horeb Urteilssprüche der Rache. Du salbtest Könige zur Vergeltung und Propheten als Nachfolger an deiner Statt. Du wurdest nach oben entrückt im Sturm auf einem Wagen mit Feuerpferden. Du bist bezeichnet für künftige Drohungen, um den Zorn zu beschwichtigen, ehe er entbrennt. Um das Herz der Väter den Söhnen wiederzuzuwenden und wiederherzustellen die Stämme Jakobs. Selig, die dich sehen und entschlafen sind in der Liebe, denn auch wir werden das Leben besitzen» (Sir 48,1–11).

Das ist eine bündige Zusammenfassung der Elija-Geschichten der Königsbücher unter Einschluss von Maleachi 3. Vielleicht hätte man sich eine etwas stärkere Betonung der Rabengeschichte in 1Kön 17 sowie derjenigen von der Depression Elijas und seiner Gottesbegegnung am Horeb in 1Kön 19 gewünscht – statt nur den Abschluss dieses Kapitels mit dem Auftrag zur Salbung gewalttätiger Anführer. Erstaunlicherweise fehlt aber auch die Karmelgeschichte mit ihrem schrecklichen Abschluss der Massentötung von Baalspriestern. Dafür liegt starkes Gewicht auf der Himmelfahrt Elijas und seiner künftigen Rolle am Ende der Tage, was zu einer bekenntnishaften Aussage über das Entschlafen in Liebe und über bleibendes Leben führt.

Auch im Neuen Testament figuriert Elija in prominenter Weise. Man meinte in Jesus den wiederkehrenden bzw. wiedergekehrten Elija zu erkennen (Mt 16,14; Mk 6,15). In der Geschichte von der Verklärung Jesu erscheinen den Jüngern neben ihrem Meister Mose und Elija – gerade diese beiden (Mk 9,4f par.), doch dann erschallt eine Stimme aus der Wolke, dieser – Jesus – sei «mein geliebter Sohn, auf den sollt ihr hören» (Mk 9,7): Christus also über Mose und Elija! An die Szene schliesst bei allen drei Synoptikern ein Gespräch der Jünger untereinander und mit Jesus über Elija und dessen Wiederkommen vor dem Auftreten des «Menschensohns» an (Mk 9,11–13 par.). Matthäus lässt das Gespräch schliessen mit einer Gleichsetzung Elijas und Johannes des Täufers – der ja Jesus vorauslief (Mt 17,13). Als Jesus im Sterben ausrief: «Eli, Eli, lama asaftani», da meinten einige Umstehende, er habe nach Elija gerufen – dabei zitierte er den Anfang des 22. Psalms: «Mein Gott, mein Gott, warum hast du mich verlassen?» (Mk 15,35; Mt 27,47) Doch dieser Psalm endet nicht in Hoffnungslosigkeit, sondern in Hoffnung – ähnlich dem Leben Elijas.

Die Elija-Geschichten boten immer wieder bildenden Künstlern dankbare Sujets. Es sind vor allem fünf Szenen, die Maler immer aufs Neue fasziniert und zur Darstellung verlockt haben:

*Abb. 7: Julius Schnorr von Carolsfeld und August Gaber (Holzschneider), Elija wird von Raben gespeist (koloriert)*

*Elija und die Raben am Bach Kerit*

Raben sind an sich scheue und gefrässige Tiere. Dass sie einen Menschen mit Nahrungsmitteln versorgen, ist wie ein Wunder. Es ist ein Wunder. Das unvorstellbar vertrauliche Verhältnis zwischen diesen Tieren und diesem Menschen kommt wundervoll in einer Illustration von Julius Schnorr von Carolsfeld (1794–1872) zum Ausdruck, die nachträglich koloriert wurde.

*Abb. 8: Lucas Cranach d. Jüngere, Elija und die Baalspriester*

*Elija und die Feuerprobe auf dem Karmel*

Hier diene die dramatische Darstellung von Lucas Cranach dem Jüngeren (1515–1586) als Beispiel. Im Mittelgrund erkennt man rechts die (vergeblich) betenden Baalspriester, einen davon deutlich hüpfend-hinkend, links den (erfolgreich) betenden Elija vor dem machtvoll hereinbrechenden himmlischen Feuer, im Hintergrund eine grosse, teils bewaffnete Menschenmenge, offenbar das «Volk Israel», das sich durch diese Feuerprobe zur alleinigen Verehrung Jahwes bewegen lässt.

*Elija auf dem Weg zum Horeb*

Der Glasmaler Gian Casty (1914–1979) hat in einem Kirchenfenster ins Bild gesetzt, wie Elija erschöpft und mutlos unter einem Ginsterstrauch liegt und wie ein Engel ihn ermutigt und

*Abb. 10: Ikone eines unbekannten russischen Meisters, Elija auf dem Horeb*

*Abb. 9: Gian Casty, Elija und der Engel, Glasmalerei, Evangelische Kirche St. Dionysius, Diessenhofen*

kräftigt. Das Engelhafte des Retters ist hier deutlicher herausgearbeitet als in der Bibel, wo man das betreffende Wort auch einfach mit «Bote» übersetzen kann.

*Elija in der Höhle auf dem Horeb*

In einer Ikonenmalerei (unbekannter Provenienz) beobachtet Elija vorsichtig und nachdenklich die gewaltigen Erscheinungen und dann das «sanfte Säuseln», die beim Erscheinen Gottes vor der Höhle vor sich gehen. Gleich wird er hinaustreten und von Gott angesprochen werden.

*Abb. 11: Theodore Poulakis, Elijas Himmelfahrt*

*Abb. 12: Julius Schnorr von Carolsfeld, Elijas Himmelfahrt*

*Elijas Himmelfahrt*

Dieses scheinbar so anschauliche, in Wahrheit höchst rätselhafte Sujet wurde immer wieder gern gemalt, unter anderen von Theodore Poulakis (1622–1692) auf einer Ikone und von Julius Schnorr von Carolsfeld (1794–1872) in einer Bibelillustration. Die Ikone zeigt die feurigen Räder des Wagens und das Feuer unter den Hufen der Pferde, deren feuerrote Körper und Elija von Feuer umhüllt. Er wirft seinen Mantel hinunter, den Elischa auffängt, um gleich darauf mit ihm den Jordan zu zerteilen. Die jüngere Schwarz-Weiss-Illustration konzentriert sich stärker auf das Himmelstrebende des Propheten, der vor sich einen geflügelten Wagenlenker hat. Das Ensemble ist auch hier von Feuer umgeben. Elischa sieht ergeben-anbetend zu.

Das Motiv von der Fahrt im feurigen Wagen hat im Technikzeitalter ein eher erheiterndes Aperçu hervorgerufen. Umgangssprachlich wurde der «Feurige Elias» zur Bezeichnung für diverse Dampflokomotiven bzw. für die Strecken, auf denen sie verkehrten. Laut Wikipedia trägt eine von 1890 bis 1998 in Betrieb gewesene Werksbahn in Dortmund-Hörde nachgerade den Namen «Eliasbahn». «Feuriger Elias» hiessen u. a. auch die Vorgebirgsbahn zwischen Bonn und Köln, die Strohgäubahn von Korntal nach Weissach, die Leppetalbahn Engelskirchen–Kaiserau–Marienheide, die Lokalbahn Ludwigshafen–Meckenheim und die Schmalspurbahn Mannheim–Weinheim–Heidelberg – ungeahnte Nachwirkung einer Himmelfahrtsgeschichte!

Ein eigenes und ernsthaftes Wort verdient «Elias», das Elija-Oratorium von Felix Mendelssohn Bartholdy (1809–1847). Von seinen nur 38 Lebensjahren verbrachte Mendelssohn zehn mit diesem Stoff. 1836 äusserte er sich in einem Brief begeistert von der Gotteserscheinung in 1Kön 19,11–13; sie sei «herrlich für ein Oratorium» – und tatsächlich erklingt sie herrlich im «Elias», wohingegen die Himmelfahrt faktisch ausgespart ist. Das Oratorium wurde 1846 in Birmingham uraufgeführt, eine revidierte (und von da an gültige) Fassung kam ein Jahr später – in Mendelssohns Todesjahr – in mehreren englischen Städten zu Gehör.

Librettist war ein Dessauer lutherischer Pfarrer namens Julius Schubring. Mendelssohn, obwohl von Herkunft jüdisch, konnte mit ihm gut zusammenarbeiten, nachdem er selbst christlich

*Abb. 13:*
*Felix Mendelssohn Bartholdy*
*(Gemälde von Eduard Magnus 1846)*

erzogen und 1816 getauft worden war; schon der Text seines «Paulus»-Oratoriums (erstaufgeführt 1836) stammte von Schubring. Dieser wollte den «Elias» nachdrücklich christianisieren bzw. christologisch ausdeuten, was Mendelssohn aber nicht zuliess, weil er sich, wie er dem Librettisten schrieb, nicht «zu sehr aus der Haltung des (alttestamentlichen) Ganzen entfern(en)» wollte. Eine kraftvolle Prophetenfigur wie Elija – nach seinen Worten «stark, eifrig, auch wohl bös und zornig und finster» – war ihm ganz recht, er hätte sie sich auch für seine Zeit gewünscht.

Das «Elias»-Oratorium gliedert sich in zwei Teile: Der erste, mit 20 Stücken (plus Ouvertüre), handelt vom kämpferischen, mutigen Elija (nach 1Kön 17–18), der zweite, mit 22 Stücken, vom resignierten und nur mit Mühe wieder aufzurichtenden Elija (nach 1Kön 19). Die Elija-Erzählungen von 1Kön 17–19 (ein wenig auch von 1Kön 21 und 2Kön 2) werden in den Grundzügen musikalisch nacherzählt, besonders ausführlich die Karmel-Geschichte in 1Kön 18, an manchen Stellen freilich um besonders heikle Passagen verkürzt. So bleibt Elijas Vorwurf an Gott, er töte die Kinder mittelloser Witwen (1Kön 17,20), ebenso weg wie sein Massenmord an Baalspropheten (1Kön 18,40); stattdessen ruft er hier das Volk auf: «Greift die Propheten Baals, dass ihrer keiner entrinne, führt sie hinab an den Bach und schlachtet sie daselbst!», und das Volk nimmt diesen Ruf auf (Stück 17). Ebenso fehlt im Oratorium der göttliche Auftrag zur Salbung der blutrünstigen Könige Hasaël und Jehu (1Kön 19,15f) sowie weitestgehend die deprimierende Nabot-Geschichte (1Kön 21).

Dafür kommt im Oratorium sehr vieles hinzu, was im 1. Königsbuch nicht zu finden ist. Immer wieder treten «Engel» oder «Seraphim» auf, die etwa der biblischen Wortereignisformel («das Wort JHWHS geschah zu Elija») Gestalt geben. Auch der Elija-Unterstützer Obadja bekommt eine grössere Rolle als in der Bibel. Vor allem aber fallen zahlreiche Zitate aus anderen biblischen Büchern ins Auge: ein gutes Dutzend aus den Psalmen (z. B. Ps 55,23; 91,7.11f; 112,2; 121,1; 128,2) und den Klageliedern (Klgl 1,17; 4,4) und noch einmal gegen zehn aus Prophetenbüchern, namentlich Jesaja (z. B. Jes 11,2f; 49,4; 54,10; 63,3.19) und Jeremia (z. B. Jer 8,20; 23,16; 29,13). Diese Texte werden den verschiedensten Akteuren in den Mund gelegt: nicht nur Elija, sondern auch dem Volk, Engeln, Obadja oder der Witwe. Der Librettist und der Komponist wollten es offenbar nicht bei einer Nacherzählung der Elija-Geschichten aus dem 1. Königsbuch belassen, sondern hatten nicht weniger im Sinn als ein «biblisches Propheten-Oratorium».

Nur ganz selten und eher von ferne kommt das Neue Testament in den Blick. Das Werk lebt ganz aus dem Geist des Alten Testaments. Besonders augenscheinlich wird das, wenn der Chor – in der Rolle von Baalspropheten, und das doch allermeist in christlichen Kirchen! – flehentlich singt: «Baal, erhöre uns! [...] Höre uns, mächtiger Gott! [...] Baal! Gib Antwort, Baal! Siehe, die Feinde verspotten uns!» (Stücke 11 und 13 – wobei das letzte Sätzchen unverkennbar ein Motiv aus den Psalmen aufnimmt). Grossartig ist die Generalpause nach der Bitte «Gib Antwort, Baal!» als Wiedergabe des biblischen Satzes: «Aber nichts war zu hören, niemand gab Antwort» (1Kön 18,26).

Der Chor kann in verschiedene Rollen schlüpfen, etwa die des «Volks», das sich von Königin Isebel zum Mordwunsch an Elija aufstacheln lässt (Stücke 23–24) – was nun doch an die Passionsgeschichte Jesu erinnert, wo die Menge «kreuzige, kreuzige!» schreit. Verschiedentlich aber verkörpert der Chor das leidende Volk Israel oder die gläubige (christliche? jüdische?) Gemeinde. Besonders eindrücklich ist es, wenn er, in der Rolle des Erzählers und wunderbar in Szene gesetzt durch den Komponisten, die Gotteserscheinung auf dem Horeb beschreibt (1Kön 19,11f, Stück 34), wozu dann Seraphim das Dreimal-Heilig singen (Jes 6,3, Stück 35).

Dem Chor (oder einem Favoritchor) sind auffällig viele Stücke vorbehalten. Es wirken aber auch Solisten mit: ein Bass als Elija, ein Sopran als Witwe, Tenöre als Obadja und Ahab, ein Alt als Isebel. Das Oratorium wurde seinerzeit, vor allem in England, mit Begeisterung aufgenommen; heute ist es fester Bestandteil des Kulturlebens in aller Welt. Nicht zuletzt von daher erklärt sich, dass die Gestalt des Elija im Bewusstsein sehr vieler Zeitgenossen ausnehmend stark präsent ist.

Seit nicht sehr langer Zeit gibt es auch ein literarisches Werk zu Elija. Der brasilianische Schriftsteller Paulo Coelho (*1947) veröffentlichte 1996 in Brasilien einen Elija-Roman, der 1998 in Zürich in deutscher Übersetzung unter dem Titel «Der Fünfte Berg» erschien. Der Alttestamentler Rainer Albertz hat in seinem Buch «Elia. Ein feuriger Kämpfer für Gott» den Roman vorbildlich sorgfältig vorgestellt und vorsichtig bewertet (S. 213–223). Er stellt fest, dass hier nicht der historische, sondern ein moderner Elija vor Augen gemalt werde, einer, der in schweren Lebenskämpfen zur Bereitschaft und Fähigkeit finden muss, selbst Verantwortung zu übernehmen, ohne sich doch der Lebensleitung durch Gott zu entziehen. Dies geschieht namentlich in einem zweiten, frei erfundenen Teil des Romans, in dem der Autor Elija mehrere Jahre im phönizischen Sarepta (bei ihm genannt Akbar) leben und wirken, sich verlieben, sich in die Politik einmischen und einen Krieg überstehen lässt. Die Feuerprobe auf dem Karmel, die Gottesbegegnung am Horeb und die Himmelfahrt kommen nur mehr in einer Art Epilog zur Sprache. Im relativ kurzen, ersten Teil seines Romans folgt Coelho weitgehend dem biblischen Text von 1Kön 17, den er freilich fantasievoll ausbaut. Elija sei, als gerade 23-Jähriger, im Jahr 870 v. Chr., im ersten Regierungsjahr des Königs Ahab, als Prophet öffentlich aufgetreten. Schon davor hatte sich seine Berufung zum Propheten abgezeichnet, doch weder seine Eltern noch er selbst wollten, dass er dem Ruf folgte. Er sollte Tischler sein, weiter nichts. Doch dann heiratete Ahab Isebel, und die betätigte sich als glühende Baal-Verehrerin, woraufhin eine himmlische Stimme Elija dazu brachte, vor den König zu treten und ihm eine langanhaltende Dürre anzukündigen. Ahab nahm das nicht ernst, Isebel aber erkannte in Elija und den übrigen Jahwe-Propheten eine Bedrohung für den Staat. 450 Propheten wurden umgebracht, Elija konnte sich zunächst in einem Pferdestall verstecken und dann, mithilfe eines Schutzengels, an den

Bach Kerit fliehen. Er war unglücklich wegen des Unheils, das er über Israel gebracht hatte, doch ein Rabe ernährte ihn nicht nur, sondern belehrte ihn auch darüber, dass ein Mensch notwendig mehrere Etappen zu durchlaufen habe, ehe er seiner Berufung voll gerecht werden könne. Ein Engel des Herrn wies ihn dann an, nach Sarepta alias Akbar zu gehen, um dort ein Lebenswerk aufzubauen. Er fand im phönizischen Ausland, anders als in der Bibel, keine freundliche Aufnahme, musste sich seinen Platz vielmehr erst erkämpfen. Als der Sohn seiner Gastgeberin starb, wurde er finsterer Machenschaften verdächtigt und gezwungen, auf den «Fünften Berg» zu gehen, wo nach Meinung der Phönizier die Götter wohnten, die gewiss an ihm Rache nehmen würden. Doch statt ihnen erschien ihm wieder der Engel des Herrn und gab ihm Weisung, den toten Sohn der Witwe wiederzuerwecken. Dies sollte aber das einzige Wunder sein, das er im Ausland vollbringen konnte – alles Weitere musste er aus eigenen Kräften schaffen, was ihm auch gelang. Das nächste Wunder sollte erst wieder in Israel, auf dem Karmel, stattfinden. Die Geschichte führt dann noch weiter bis zur Erzählung von der Verklärung Jesu in Mt 17, in der der zur Erde zurückgekehrte Elija mit Johannes dem Täufer gleichgesetzt wird. «Coelho möchte, dass die Menschen nicht einfach dumpf dahinleben, sondern am Beispiel Elias sensibel dafür werden, was Gott mit ihnen vorhat. Aber er möchte auch, dass sie ihr Schicksal nicht gottergeben erdulden, sondern selber gestaltend in die Hand nehmen. Die gesamte Thematik von Autonomie und Verantwortlichkeit des Menschen ist von Coelho neu in den biblischen Eliastoff eingetragen», stellt Albertz abschliessend fest (S. 223). Es ist dies ein moderner Roman, entwickelt aus einer biblischen Vorlage, sich von dieser (und überhaupt von der Bibel) viel weiter entfernend als Mendelssohns Elias-Oratorium. So oder so aber entfaltet die heroische Prophetengestalt Elija eine geheimnisvolle, nicht abnehmende Kraft – ähnlich wie das Mehl und das Öl, das im Krug der Witwe von Sarepta nicht ausging.

## Zur späteren Rezeption der (angeblich) bösen Frauen Isebel und Atalja

Die Königsmutter Isebel, Tochter eines Königs von Tyrus und Gemahlin Ahabs von Israel, kommt in der Bibel sehr schlecht davon. Dabei trägt sie einen hübschen Namen (vermutlich: «Wo ist der Prinz?»), der entgegen dem ihres Vaters (Etbaal, wahrscheinlich abgeleitet von Ittoba'al, «Mit ihm ist Baal») keinen religiösen, gar antijahwistischen Unterton trägt. Gleichwohl soll sie dafür verantwortlich sein, dass in Samaria der Baalkult eingeführt wurde. Ihre schlimmste Tat laut Bibel ist indes, dass sie den nicht genügend willfährigen Bauern Nabot per Justizmord aus dem Weg räumen lässt, um dessen Weinberg in den Besitz ihres Gatten zu bringen. Dafür wird ihr von Elija ein schrecklicher Tod angedroht. Dieser tritt ein, als sie, stolz am Erscheinungsfenster des Sommerpalasts von Jesreel stehend, den einrückenden Putschisten Jehu als den verhöhnt, der er ist: als Königsmörder. Dieser gibt den Wink, sie aus dem Fenster zu stürzen, was geschieht und zu ihrem elenden Ende führt.

Isebel ist zur sprichwörtlich bösen Frau geworden. Wie sonst erklärt sich, dass in Grimms Märchen «Van den Fischer und siine Fru» die masslos gierige Frau, die einem von ihrem Mann in Gestalt eines Butts gefangenen Zauberprinzen alles abverlangen lässt – eine schönere Hütte, ein Schloss, das König-, das Kaiser-, das Papsttum und schliesslich das Gottsein – und am Ende gar nichts bekommt: dass diese Frau ausgerechnet «Ilsebill» heisst (sicher eine plattdeutsche Umformung von Isebel)? Immer, wenn der Fischer den Butt um eine neue Grosszügigkeit zu bitten hat, ruft er ihn mit den Worten:

> «Manntje, Manntje, Timpe Te,
> Buttje, Buttje inne See,
> myne Fru de Ilsebill
> will nich so, as ik wol will.»

Damit steht der Fischer besser da als sein biblisches Pendant Ahab, von dem nirgendwo gesagt wird, er habe nicht gewollt, was Isebel wollte.

Wer vermutet, «Isabella» sei eine ins Positive gewendete Umformung des Namens «Isebel» (immerhin hiessen drei spanische Königinnen so, und eine Luxuskarosse des mittlerweile verschwundenen Autobauers Borgward), irrt sich. Vielmehr ist dies eine italienische Umwandlung von hebräisch «Elisabet», was entweder «Die Gott Zugeschworene» oder «Mein Gott ist Fülle» bedeutet, also religiös mehr aufgeladen ist als «Isebel».

Die böse (in Wahrheit wohl eher machtbewusste und stolze) Isebel ist in der Kunstgeschichte vor allem bei ihrem tragischen Ende abgebildet worden. Als Beispiele mögen eine mittelalterliche, eine frühneuzeitliche und eine neuzeitliche Darstellung dienen. Die erste ist eine Illustration aus der «Visogotisch-Mozarabischen Bibel», die um 960 n. Chr. in Spanien entstand und dem heiligen Isidor zugeschrieben wird. Hier stampft Jehu (mit Heiligenschein ausgestattet!) auf seinem Streitross über die auf der

*Abb. 14: Visegotisch-Mozarabische Bibel, Isebels Tod*

*Abb. 15: Matthäus Merian d. Ä., Isebels Tod*

Strasse liegende Isebel. Die Zeugen des Geschehens scheinen erschüttert – auch die im Erscheinungsfenster Stehenden, die ja eben dem Befehl zum Mord nachgekommen sein müssen.

Das zweite Beispiel ist ein Kupferstich des Baslers Matthäus Merian d. Ä. (1593–1650): Jehu sitzt mit orientalischem Kopfputz auf einer Pferdekutsche (oder soll dies ein Streitwagen sein?), hat eben den Befehl zum Herabstürzen Isebels gegeben, diese fällt kopfüber nach unten – wie es scheint, in nach oben gereckte Spiesse, wovon in der Bibel nichts steht; die Hunde warten schon darauf, das Blut auflecken zu dürfen.

*Abb. 16: Gustave Doré, Isebels Tod*

Das dritte Beispiel ist wieder eine Bibelillustration, diesmal durch den französischen Maler Paul Gustave Doré (1832–1883). Jehu sitzt auf einem Ross, erteilt den Befehl zum Fenstersturz; dieser wird umgehend durchgeführt, mit erschreckender Gewalttätigkeit, die Todgeweihte ist weniger erotisch dargestellt als bei Merian.

*Abb. 17: Gustave Doré, Ataljas Ermordung*

Eine eher noch schlechtere Figur als Isebel gibt in der Bibel Atalja ab, vielleicht Isebels und Ahabs Tochter, jedenfalls eine Omridin und für sechs Jahre Königin in Jerusalem. Angeblich wurde sie das, nachdem sie das gesamte Davidgeschlecht (bis auf einen einzigen, vor ihr versteckten kleinen Prinzen) umgebracht hatte. Dabei verheisst ihr Name nicht eigentlich Mordlust:

«Jahwe ist erhaben» – bemerkenswert bei einer Tochter des Hauses Omri. Laut dem Artikel «Atalja» im «Wissenschaftlichen Bibellexikon im Internet» wurde sie gleichwohl im Mittelalter gern als Kindermörderin dargestellt – in Vorabbildung des Kindermords von Betlehem durch König Herodes im Neuen Testament: historisch gesehen wohl eine grosse Ungerechtigkeit. Zutreffender ist die Darstellung ihrer Tötung, dramatisch ins Bild gesetzt von Gustave Doré. Man ahnt die Örtlichkeit: ausserhalb des Tempels, im Palastbezirk, das Mordopfer verzweifelt allein und wehrlos.

Im Jahr 1691 hat der französische Dramatiker Jean Racine (1639–1699) «Athalie» geschrieben, eine Tragödie in fünf Akten. Im ersten Akt lässt er die Titelheldin aktiv an der Ermordung der Nachkommenschaft ihres Sohnes beteiligt sein; nur der kleine Prinz Joas (= Joasch) wird vom Hohepriester Joad (= Jojada) und seiner Frau Josebet (in 2Kön 11 nicht erwähnt, doch heisst in 2Chr 22,11 eine Prinzessin ähnlich) versteckt und unter dem falschen Namen Eljakim aufgezogen. Im zweiten Akt offenbart sich Atalja als Baal-Verehrerin. Sie erfährt in einer Vision vom Überleben des Joas und von dessen Verstecktsein im Tempel. Sie befragt Eljakim, und der sagt ihr, er sei bei den Wölfen gefunden worden. Sie lädt ihn in den Palast ein, und als er (im dritten Akt) nicht kommt, will sie ihn gewaltsam holen lassen. Josebet möchte ihn weit weg, in der Wüste, in Sicherheit bringen, doch ihr Mann Joad bewaffnet (Akt 4) stattdessen die Leviten und ruft Joas zum König aus. Im fünften Akt rückt Atalja mit Heeresmacht an, wird aber unter Vorspiegelung falscher Tatsachen allein in den Tempel gelockt, dort von den Leviten verhaftet, zum Palast geführt und ermordet.

Der Dichter soll Teile dieses Werks Ludwig XIV. und seiner Madame de Maintenon vorgelesen haben, was unverkennbar eine Warnung und Ermahnung gewesen wäre. Jedenfalls fand Goethe so viel Gefallen an dem Stoff, dass er einige Chöre daraus selbst übersetzte. Auch August Wilhelm Schlegel lobte in seinen Wiener «Vorlesungen über die dramatische Kunst und Literatur» von 1808 das Stück, das sich dem grossartigen Stil der Griechen sehr weitgehend nähere.

Vor allem aber fand Racines Drama in der Musik intensive Aufnahme – angeblich gibt es 31 Vertonungen. Eine davon ist ein Oratorium von Giovanni Simone Mayr (1763–1845), uraufgeführt 1822 in Neapel unter der Stabführung von Gioachino Rossini. 1846 komponierte Felix Mendelssohn Bartholdy (1809–1847) eine Schauspielmusik zu Racines Drama, von der die Chorsätze, verbunden durch zu verlesende Zwischentexte, immer wieder aufgeführt werden. Und der Westschweizer Komponist Frank Martin (1890–1974) schuf 1946 eine Bühnenmusik zu dem Stück, die aus einer umfangreichen Ouvertüre und zwei (nie veröffentlichten) Chor- und Solosätzen bestand.

Die berühmteste musikalische Umsetzung von Racines «Athalia» stammt von Georg Friedrich Händel (1685–1759), der sich das Libretto von Samuel Humphrey schreiben und das Oratorium 1733 in Oxford erstaufführen liess. Im ersten Akt beklagt Joad die Tyrannei der Königin Atalja. Deren Vision vom Überleben eines Prinzen im Tempel wird ausführlich geschildert: Sie erzählt sie ihrem Vertrauten, dem Baalpriester Mathan. Der will den Knaben töten, doch werden der Hohepriester und seine Frau vom Heerführer Abner (einer Händel'schen Zusatzfigur) gewarnt.

Im zweiten Akt erfährt Abner von der Existenz des legitimen Prinzen und verspricht, ihn mit dem Schwert zu schützen. Atalja möchte das angebliche Waisenkind Eljakim in ihren Palast locken, doch dieses wehrt ab, weil es nicht Baal dienen möchte (ein völlig neuer Zug). Die Königin sinnt auf Rache, Joad und Josebet bleiben vertrauensvoll. Im dritten Akt erfährt Joad in einer göttlichen Erleuchtung, dass die Frevelherrschaft enden und Atalja sterben werde. Joas wird als neuer Herrscher auserkoren. Mathan verlangt seine Auslieferung, wird aber abgewiesen, Abner stellt sich auf Joas' Seite. Zum Schluss preisen die Juden Gott für seine Güte. Die eigentliche Inthronisation Joas' und die Ermordung Ataljas fehlen also. Diese aber ist im ganzen Stück eine absolut bösartige und machtbesessene Baalanbeterin. Dafür tritt – im Gefolge Racines – eine vollkommen gute Frau auf, von der in 2Kön 11 nichts verlautet: Josebet, angeblich die Gattin des Hohepriesters.

Diese abschliessende Wahrnehmung versöhnt etwas mit dem durch und durch negativen Frauenbild, das Isebel und Atalja in der Wirkungsgeschichte abgeben. Mittlerweile melden sich auch in der Exegese feministische Stimmen (z. B. Kyung Sook Lee), die den beiden königlichen Damen ihr Recht als starke und selbstbewusste Frauen zurückgeben möchten. Zumindest teilweise würden diese das auch verdienen.

**Warum sollte man «die Königsbücher heute lesen»?**

Wie könnte es nicht der Wunsch des Autors dieses Buchs sein, durch seine Darlegungen sei die Frage, warum man die Königsbücher heute lesen solle, bereits beantwortet? Jedenfalls wagt er zu hoffen, einige der dargestellten Einzelheiten und der vorgebrachten Überlegungen seien interessant gewesen und hätten zur Lektüre des biblischen Originals angeregt. Gleichwohl mag es sinnvoll sein, die Frage nach Aussagekraft und Aussagewert der Königsbücher noch einmal grundsätzlich zu stellen.

Dieses biblische Doppelbuch schildert, so wurde deutlich, das Wesen und die Geschichte einer Staatsform, die das biblische Israel über vier Jahrhunderte geprägt hat: der Monarchie. Israel und das Judentum sind die längste Zeit ihrer Existenz ohne Staat ausgekommen, doch in der ersten Hälfte des 1. Jahrtausends vor der Zeitenwende verfügten sie über einen solchen, sogar über zwei: mit abgegrenztem Staatsgebiet, eigener Verwaltung, einer die Bevölkerung zusammenschliessenden Kultur, einer leidlich einheitlichen Staatsreligion. Doch innerhalb dieser Parameter gab es enorme Spannungen und Schwankungen. Allein schon das Vorhandensein zweier Schwesterkönigreiche sorgte für gewaltige Virulenz: Das Nordreich Israel war dem Südreich Juda weit überlegen, bestand aber kürzer. Der Süden kannte nur eine, die David-Dynastie, der Norden erlebte häufige Dynastiewechsel. Im Norden gab es Königsheiligtümer für den Staatsgott Jahwe in Bet-El und in Dan, dazu ein auf die kanaanitische Baalsreligion ausgerichtetes Kultzentrum in der Residenzstadt Samaria, obendrein zahlreiche Ortsheiligtümer in den Städten und Dörfern des Landes. Auch im Süden waren über das ganze Land Höhenheiligtümer verstreut, während ein Jahwe-Königs-Tempel in Jerusalem stand; dieser aber beanspruchte gegen Ende der Königszeit, alleinige legitime Kultstätte zu sein. Im Norden wie im Süden gab es einen staatlich geförderten Königskult, daneben aber vielerlei andere, auch rein häusliche bzw. familiäre Formen der Religionsausübung. Den Königen und ihren politischen Vollzugsapparaten gegenüber standen ein machtvoller Klerus und eine breitgefächerte prophetische Bewegung, letztere unterteilbar in staatsnahe und in staatskritische Linien. Die Königsbücher zeichnen anhand der Könige, Priester und Propheten eine Religionsgeschichte mindestens ebenso wie eine Staats- oder Politgeschichte. Die Geschichte Israels und Judas erscheint auf diese Weise nicht nur als eine innerweltliche Geschehensfolge, sondern als eine mit transzendentem Einschlag. Wie die Könige (und wie das Volk) sich in Sachen Religion verhalten, das entscheidet über den Gang der Geschichte. Die Menschen handeln zwar selbstbestimmt auf der historischen Bühne, doch in den Kulissen waltet Gott, lenkt die Geschicke Israels und Judas in die von ihm gewünschte (oder auch in eine von ihm nicht gewollte, ihm durch die Menschen gleichsam aufgezwungene) Richtung.

Das Gottesbild der Königsbücher ist nicht einheitlich. Gott handelt nicht immer erwartbar und vorhersehbar. Meist wirkt er nur vermittelt durch Menschen, die in seinem Sinn (oder gegen ihn) handeln. Nur selten ergreift er «von aussen her» die Initiative. Das geschieht dann oft in nicht-gegenständlicher Weise, ausgedrückt etwa durch die sogenannte Wortereignisformel «Und es geschah das Wort JHWHS zu XY» oder durch die Erfüllungsformel, etwas habe sich ereignet «gemäss dem Wort JHWHS, das er gesprochen hatte zu XY». In seltenen Fällen schickt Gott Raben oder «Boten» bzw. Engel, um das Geschehen in die richtige Richtung zu lenken. Ausnahmsweise kann er auch direkt zu einem Menschen sprechen (etwa zu Salomo in 1Kön 3,5 oder 9,3) oder ihm in einer Theophanie erscheinen (wie Elija in 1Kön 19,11–13). In der Hauptsache aber wirkt Gott «in, mit und unter» der Menschengeschichte, eher heimlich, leicht verwechselbar. Oft weiss man als Lesende, als Lesender nicht, wie er zu einem bestimmten Faktum steht, ob Menschen konkret das tun, was er getan haben möchte – oder nicht. Sollte z. B. Elija die 450 Baalspriester töten (1Kön 18,40), waren Jehus Morde an Königen, Königshäusern und Baalverehrern gottgewollt oder nicht (2Kön 9–10)? Vermutlich waren sich die Autoren in der Beurteilung solcher Gewalttaten nicht einig und verhinderten so eine eindeutige Bewertung. Schon in den Königsbüchern, noch mehr in deren grösserem kanonischen Kontext zeichnen sich Dissonanzen im Gottesbild ab. Der Massenmörder Elija zeigt sich auf dem Weg zum Horeb total entmutigt und erlebt auf dem Berg einen betont leisen, sanften Gott, der Massenmörder Jehu wird in Hos 1,4 unverhohlen kritisiert. Andererseits zeichnen die Erzählungen diese beiden Männer in heroischen Farben, bezeugen allergrössten Respekt vor ihnen. Darin zeigen sich divergente Gottesbilder, welche die Lesenden zu eigener Reflexion und Stellungnahme herausfordern. Das fügt sich in eine umfassende biblische Tradition. Dem Mose stellt Gott sich aus dem brennenden Dornbusch heraus vor als der, der «ist» oder «sein wird» (Ex 3,14); mehr gibt er von sich nicht preis. Und auf dem Sinai darf Mose hinter Gott nur hersehen, nachdem dieser an ihm vorübergegangen ist (Ex 33,22f); ins Gesicht schauen, sich klipp und klar beschreiben und definieren lässt Gott sich nicht. Dieses letzte Geheimnis des Göttlichen wahren auch die Königsbücher, indem sie nicht zu einem einheitlichen Gottesbild vordringen. Das tut dann auch das Neue Testament nicht, obwohl es zu der Spitzenaussage hindrängt: «Gott ist Liebe» (1Joh 4,16).

Die Königsbücher zeichnen die israelitisch-judäische Königszeit als ein langes Auf und Ab: guter und schlechter Könige, gewonnener und verlorener Kriege, politischer Erfolge und Misserfolge, selbstbewusst auftretender und hart verfolgter Propheten, glücklicher und unglücklicher Zeiten.

Literarisch gesehen sind die Königsbücher eher ein Mosaik aus ungezählten Einzelfacetten als eine planvoll und eisern durchgeführte Geschichtsdarstellung. Sie sind ein Paradebeispiel biblischer *Traditionsliteratur*: Nicht *ein* Verfasser hat ein von ihm erdachtes Konzept verwirklicht, sondern *viele* Autoren und Redaktoren haben zu dem nach und nach entstehenden Gesamtwerk beigetragen: am Ende die Mitglieder der deuteronomistischen Schule. Sie alle treten hinter die von ihnen geschaffene Literatur zurück; da melden sich keine Verfasser mit Namen und Titel für die Entgegennahme von Literaturpreisen an, nein, jeder tut still und bescheiden seine Arbeit, fügt sich ein in einen seit Langem schon und immer weiter fliessenden Traditionsstrom. Irgendwann endete zwar die grossräumige Redaktionsarbeit an den Königsbüchern, doch gab es immer noch vereinzelte Nachträge, und als die integriert waren, wurde das Werk immer neu abgeschrieben und ausgelegt, es wurden die Chronikbücher verfasst, die die Königsgeschichte ganz neu erzählen, es entstanden die Geschichtsbücher des Josephus und die jüdische Haggada, die neutestamentlichen Evangelien und die Apostelgeschichte, die sogenannten «Weltgeschichten» des Mittelalters. Überhaupt haben das Judentum und das Christentum von den erzählenden Historikern des Alten Testaments, auch denen der Königsbücher, gelernt, haben sie nachgeahmt oder zu übertreffen gesucht. Maler und Komponisten aller Zeiten haben Stoffe aus den Königsbüchern in Kunstschöpfungen umgesetzt.

Wir haben im Vorangehenden die verschiedenen Textsorten der Königsbücher, die mutmasslichen Entstehungsstufen, das Verhältnis von Redaktion und Quellen ein wenig kennengelernt. Das sollte aber den Lesespass an ihnen nicht verderben. Man kann sie einfach von vorn nach hinten lesen und sich freuen an den tausend Einzelheiten und Daten, Bildern und Einfällen: so, als habe man – um eine eingangs gebrauchte Metapher noch einmal aufzunehmen – ein riesiges Glasfenster vor sich, in dem traditionsbewusste und zugleich kreative Künstler zahllose Scheiben und Scherben zu einem eindrucksvollen Gesamtbild verschmolzen haben. Nicht jedes Detail ist ganz deutlich zu erkennen, nicht jede Szene wirkt schön und gewinnend, manche schreien von blutroter Farbe, andere leuchten in sanften Pastelltönen – überaus farbig und vielfältig ist das Bild der israelitischen Königszeit, das die Königsbücher malen.

Wir modernen, westlich geprägten Menschen haben eine bestimmte Vorstellung davon, was wertvolle Geschichtsschreibung ist: Sie hat korrekt zu sein, nüchtern, zuverlässig, detailtreu, quellen- und faktenbasiert. Das alles ist die biblische Historiografie auch – aber nicht nur. Sie bietet nicht trockene Faktenauflistungen, sondern erzählt Geschichten, und das macht die Geschichte sofort spannend und mitreissend. Vor allem aber rechnet sie mit einem *Sinn* in der Geschichte, damit, dass diese nicht zufallsgeneriert abläuft, sondern nach einem grossen Plan, den einer entworfen hat, der hoch über dem Geschehen sitzt, der den Überblick behält und durch alle Irrungen und Wirrungen hindurch an seinen Menschen, aber auch an seinen Maximen festhält und seine Ziele verfolgt. Freilich, die Königsbücher rücken Gott nicht ins Zentrum, sie *predigen* nicht – oder höchstens indirekt: durch die Schilderung von Ereignissen, die Wiedergabe von Reden, die Andeutung geheimer Zusammenhänge. Auf diese Weise verwehren es die Autoren uns Lesenden, ihnen klare Absichten oder gar bestimmte Handlungsanweisungen zuzuschreiben. Lest nur selbst, sagen sie, macht euch euren eigenen Reim auf die Dinge, bildet euch euer eigenes Urteil. Wir haben versucht darzustellen, wie Gott und die Menschen damals, in der israelitischen Königszeit, gehandelt haben. Wie jetzt zu handeln ist, das haben wir nicht festzulegen.

Die Königsbücher, so wurde im Vorangehenden deutlich, schreiben ein Stück Geschichte Israels, und das sehr sachkundig und in weiten Teilen durchaus glaubhaft und zuverlässig. Schon dieses Faktum kann nicht hoch genug veranschlagt werden: dass die jüdische (wie dann auch die christliche) Religion sich ein geschichtliches Fundament gibt. Das bedeutet: Wer nach Gott fragt, nach seiner Existenz und seiner Wesensart, sollte nach biblischer Meinung die Antwort nicht irgendwo im Himmel, in spirituellen Höhen oder mystischen Tiefen suchen, sondern in der Geschichte: der Geschichte Israels und Judas und dann der Geschichte Jesu Christi und der frühen Kirche. Gott ist nicht ein «höheres Wesen» oder das «höchste Sein», das *summum ens*, wie es lateinisch heisst, das Vollkommenste, was sich Menschen ausdenken können, nein, Gott hat sich von sich aus ganz tief in die irdische Geschichte, in die Geschichte eines bestimmten Volks und bestimmter Menschen hineinbegeben. An ihrem Geschick, ihren Gedanken, Wünschen, Hoffnungen, ihrem Glauben lässt sich ablesen, wer er in seinem Wesen ist und was er will und tut.

Die Königsbücher heben vor allem hervor, dass nur der jüdische Gott Jahwe Verehrung, Ehrfurcht und Liebe verdient. Nach ihrer Überzeugung entschied sich daran, ob die Menschen dem nachkamen oder nicht, der Verlauf der Geschichte. Insgesamt erscheint dieser Verlauf in der Königszeit als nicht günstig. Die Menschen, voran die Könige, sind überwiegend nicht so, wie Gott sie haben will. Darum erleben sie, aufs Ganze gesehen, auch keine glückliche, sondern eine unglückliche Geschichte. Dieser Gedanke ist nachdenkenswert: dass sich das Schicksal von Menschen und Völkern nicht daran entscheidet, wie geschickt, gescheit, gerüstet sie sind, welche «Deals» sie machen, wem sie das Adjektiv «First» zugestehen. Nach solchen Massstäben wären Assyrien oder Babylonien die Favoriten der Geschichte gewesen. Es waren aber Israel und Juda – nicht, weil sie so tüchtig und bedeutend waren, sondern weil Gott sie ausgewählt hat, um an ihnen vorzuführen, was richtig und was falsch, was gut und was böse ist – und was darum letztlich Erfolg hat und was nicht.

Die Geschichtssicht der Königsbücher, so stellten wir fest, ist insgesamt eher negativ, die Königszeit endet in geschichtlichen Katastrophen. Eine solche Sicht ist nicht unproblematisch. Da sucht eine Gruppe von Menschen, da sucht ein Volk die Schuld für eine Katastrophe nicht bei anderen (eben den Assyrern und Babyloniern), nicht in ungünstigen Umständen, unglücklichen Verkettungen, auch nicht bei einem unwirksamen oder feindseligen Gott, sondern – bei sich selbst. Die Bibel insgesamt, auch die Königsbücher, ist enorm selbstkritisch. Wenn es uns schlecht geht, sagt sie, dann haben wir's verdient, wenn es uns gut geht, haben wir's nicht verdient, dann ist es unverdiente Gnade. Dabei leiden die Autoren der Königsbücher nicht an jener krankhaften

Depressivität, die alles Leid in Selbstbeschuldigung ummünzt, nach dem Motto: «Ach, was bin ich, was sind wir doch schlecht, dass es uns so schlecht geht!» Nein, wir sind alle «ganz normal» unzulänglich, genügen von Haus aus, von unserer Struktur her, von den uns verordneten Umständen her nicht den Ansprüchen, denen wir eigentlich genügen müssten. Es gibt positive Gegenbeispiele (David etwa oder Joschija), die zeigen, dass es an sich durchaus möglich wäre, einigermassen richtig zu handeln. Aber oft, eher öfter, allzu oft, schaffen wir's nicht. Die Konsequenz daraus lautet aber nicht Resignation, sondern Selbstermutigung: «Arbeitet an euch! Seht zu, dass ihr es besser macht als die Israelitinnen und Judäer der Königszeit, als die Christinnen und Christen des Mittelalters oder des 20. Jahrhunderts. Seid selbstkritisch, aber nicht verzagt, mutig, aber nicht übermütig, stolz, aber nicht auf euch selbst, sondern auf das, was Gott euch mitgegeben hat und ermöglicht!»

In diesem Sinn *lohnt es sich*, die Königsbücher zu lesen: als geschichtliches Exempel, aus dem sich lernen lässt, wie man sein Leben, seine Politik, seine Ziele *nicht* ansetzen soll, und wie gutes, gelingendes Leben doch möglich ist.

# Anhang

## Weiterführende Literatur


Rainer Albertz, Elia. Ein feuriger Kämpfer für Gott, Leipzig 2006 (Biblische Gestalten 13)

Keith Bodner, Elisha's Profile in the Book of Kings. The Double Agent, Oxford 2013

Keith Bodner / Benjamin J. M. Johnson (Hg.), Characters and Characterization in the Book of Kings, London/New York 2021 (LHBOTS 670)

Antony F. Campbell / Mark A. O'Brien, Unfolding the Deuteronomistic History. Origins, Upgrades, Present Text, Minneapolis MN 2000

Walter Dietrich, Prophetie und Geschichte. Eine redaktionsgeschichtliche Untersuchung zum deuteronomistischen Geschichtswerk, 1972 (FRLANT 108)

Walter Dietrich, Jehus Kampf gegen den Baal von Samaria, in: ders., Von David zu den Deuteronomisten, 2002 (BWANT 156), 164–180

Walter Dietrich, Vielfalt und Einheit im deuteronomistischen Geschichtswerk, in: Juha Pakkala / Martti Nissinen (Hg.), Houses Full of All Good Things. Essays in Memory of Timo Veijola, Helsinki/Göttingen 2008, 169–183 = ders., Die Samuelbücher im deuteronomistischen Geschichtswerk, 2012 (BWANT 201), 13–24

Israel Finkelstein, Das vergessene Königreich. Israel und die verborgenen Ursprünge der Bibel, München ²2015

Georg Fohrer, Elia, Zürich ²1968 (AThANT 53)

Volkmar Fritz, Das erste Buch der Könige, Zürich 1996 (ZBK. AT)

Volkmar Fritz, Das zweite Buch der Könige, Zürich 1998 (ZBK. AT)
Gershon Galil, The Chronology of the Kings of Israel & Judah, Leiden u. a. 1996 (Studies in the History and Culture of the Ancient Near East 9)
Erasmus Gass, Im Strudel der assyrischen Krise (2. Könige 18–19). Ein Beispiel biblischer Geschichtsdeutung, 2016 (BThSt 166)
Lester L. Grabbe, 1 and 2 Kings. An Introduction and Study Guide. History and Story in Ancient Israel, London / New York 2017 (Study Guides to the Old Testament).
Christof Hardmeier, Prophetie im Streit vor dem Untergang Judas, 1990 (BZAW 187)
Christof Hardmeier, Umrisse eines vordeuteronomistischen Annalenwerkes in der Zidkijazeit: VT 40 (1990), 165–184
Georg Hentschel, Die Elijaerzählungen. Zum Verhältnis von historischem Geschehen und geschichtlicher Erfahrung, 1977 (EThSt 33)
Isaac Kalimi, Writing and Rewriting the Story of Solomon in Ancient Israel, Cambridge 2019
Ernst Axel Knauf, 1 Könige 1–14, 2016 (HThK)
Ernst Axel Knauf, 1 Könige 15–22, 2019 (HThK)
Kyung Sook Lee, Die Königebücher. Frauen-Bilder ohne Frauen-Wirklichkeit, in: Luise Schottroff / Marie-Theres Wacker (Hg.), Kompendium Feministische Bibelauslegung, Gütersloh [2]1999, 130–145
Bernhard Lehnart, Prophet und König im Nordreich Israel, 2003 (SVT 96)
Christoph Levin, Der Sturz der Königin Atalja, 1982 (SBS 105)
Christoph Levin, Nach siebzig Jahren. Martin Noths Überlieferungsgeschichtliche Studien: ZAW 125 (2013), 72–92
Edward Lipiński, A History of the Kingdom of Israel, Leuven 2018 (OLA 275)
Norbert Lohfink, Zur neueren Diskussion über 2 Kön 22–23, in: ders. (Hg.), Das Deuteronomium. Entstehung, Gestalt und Botschaft, 1985 (BEThL 68), 24–48
Steven L. McKenzie / M. Patrick Graham (Hg.), The History of Israel's Traditions. The Heritage of Martin Noth, 1994 (JSOT.S 182)

Steven L. McKenzie, 1 Könige 16 – 2 Könige 16, Stuttgart 2021 (IEKAT)
Yoshikazu Minokami, Die Revolution des Jehu, 1989 (GTA 38)
Martin Noth, Überlieferungsgeschichtliche Studien. Die sammelnden und bearbeitenden Geschichtswerke im Alten Testament, Tübingen 1943, [2]1957
Michael Pietsch, Zwischen Restauration und Resignation. Die Amnestie Jojachins (II Reg 25,27–30) als deuteronomistischer Programmtext?: ZAW 129 (2017), 390–410
Pekka Särkiö, Die Weisheit und Macht Salomos in der israelitischen Historiographie, 1994 (SESJ 60)
Hans-Christoph Schmitt, Elisa, Gütersloh 1972
Harald Schweizer, Elischa in den Kriegen, 1974 (StANT 37)
Hermann Spieckermann, Juda unter Assur in der Sargonidenzeit, 1982 (FRLANT 129)
Stefan Timm, Die Dynastie Omri, 1982 (FRLANT 124)
Winfried Thiel, Zu Ursprung und Entfaltung der Elia-Tradition, in: Klaus Grünwaldt / Harald Schroeter (Hg.), Was suchst du hier, Elia? Ein hermeneutisches Arbeitsbuch, Rheinbach-Merzbach 1995, 27–40
Timo Veijola, Deuteronomismusforschung zwischen Tradition und Innovation: ThR 67 (2002), 273–327. 391–424; 68 (2003), 1–44
Stefan Wälchli, Der weise König Salomo, 1999 (BWANT 141)
Stefan Wälchli, JHWHs Zorn als Element deuteronomistischer Geschichtsdeutung. Ein Überblick und offene Fragen, in: Thomas Naumann / Regine Hunziker-Rodewald (Hg.), Diasynchron. Beiträge zur Exegese, Theologie und Rezeption der Hebräischen Bibel, FS W. Dietrich, Stuttgart 2009, 403–414
Johanna W. H. van Wijk-Bos, The Land and Its Kings: 1–2 Kings, Grand Rapids, MI 2020
Ernst Würthwein, 1. Kön. 1–16, Göttingen 1977, [2]1985 (ATD)
Ernst Würthwein, 1. Kön. 17 – 2. Kön. 25 Göttingen 1984 (ATD)

# Tabelle zur Geschichte des biblischen Israel

| politische Vormacht | archäologische Epochen | Abschnitte der Geschichte Israels | Einschneidende Ereignisse |
|---|---|---|---|
| | NEOLITHIKUM ab 700 000 | | |
| | BRONZEZEIT | | |
| | Frühbronze ab 3300 | — | |
| Ägypter | Mittelbronze ab 2200 | — | |
| Ägypter | Spätbronze ab 1500 | — (biblisch: Erzeltern, Exodus) | |
| | EISENZEIT | | |
| (Philister) | E I ab 1200 | «Landnahme» und Stämmezeit | 1208 Merenptah-Stele («Kanaan/Israel») |
| (Phönizier) | E IIA ab 1000 | frühe Königszeit (Saul: mittelpalästinische Stämme; David und Salomo: Personalunion Israel/Juda) | 926 sogenannte Reichsteilung |

| | | | |
|---|---|---|---|
| (Aramäer) | E IIB ab 900 | Königreiche Israel und Juda nach 926 | 853 Schlacht bei Qarqar<br>845 Sturz der Omriden<br>734/33 Syrisch-efraimit. Krieg<br>722 Untergang Nordisraels |
| Assyrer<br><br><br>Babylonier | E IIC ab 700 | Juda allein nach 722 | 701 Zernierung Jerusalems<br>622 Reform Joschijas<br>612 Zerstörung Ninives<br>604 Schlacht bei Karkemisch |
| <br><br>Perser | E III ab 600 | Exilszeit nach 586<br>(Altjuda und Gola)<br>Nachexilische Zeit<br>nach 538<br>(Jehud und Diaspora) | 597 Erste Deportation Judas<br>587 Zerstörung Jerusalems<br>538 Fall Babylons<br>515 Einweihung des 2. Tempels<br>~450 Nehemia |
| Ptolemäer<br>Seleukiden | hellenistische Epoche<br>ab 332 | <br><br>Makkabäer | 333 Schlacht bei Issos<br>198 Ptolemäer > Seleukiden<br>165 Entweihung des Tempels |
| Römer | römisch-byzantinische Epoche ab 37 | Judäa und Diaspora | 64 v. Pompejus, Provinz Syria<br>70 n. Zerstörung des 2. Tempels<br>138 Bar Kochba |

## Könige/Königinnen und Propheten/Prophetinnen in der Königszeit

(nach Antonius H. J. Gunneweg)

| Könige Israels | | Könige und Königinnen Judas | | in 1/2Kön [nicht] erwähnte Propheten und Prophetinnen |
|---|---|---|---|---|
| Jerobeam I. | 926–906 | 926–909 | Rehabeam | Ahija aus Schilo, Schemaja |
| Nadab | 906–905 | 909–907 | Abija | |
| Bascha | 905–882 | 907–867 | Asa | Jehu ben Hanani |
| Ela | 882–881 | | | |
| Simri | 881 | | | |
| Omri | 881–870 | | | |
| Ahab | 870–851 | 867–850 | Joschafat | Elija, Micha ben Jimla, Elischa |
| Ahasja | 851–850 | 850–845 | Joram | |
| Joram | 850–845 | 845 | Ahasja | |
| Jehu | 845–817 | 845–839 | Atalja | |
| Joahas | 817–801 | 839–800 | Joasch | |
| Joasch | 801–786 | 800–786 | Amazja | |
| Jerobeam II. | 786–746 | 786–736 | Asarja/ Ussia | [Amos] |
| Sacharja | 746 | | | |
| Schallum | 746 | | | |

| **Könige Israels** | | **Könige und Königinnen Judas** | | **in 1/2Kön [nicht] erwähnte Propheten und Prophetinnen** |
|---|---|---|---|---|
| Menachem | 746–736 | 756–741 | Jotam (zuerst Ko-Regent) | [Hosea] |
| Pekachja | 736–734 | 741–725 | Ahas | Jesaja [Micha aus Moreschet] |
| Pekach | 734–732 | | | |
| Hosea | 732–723 | 725–696 | Hiskija | |
| | | 696–641 | Manasse | [Nahum] |
| | | 641–639 | Amon | |
| | | 639–608 | Joschija | Hulda [Habakuk, Zefanja] |
| | | 608 | Joahas | |
| | | 608–598 | Jojakim | [Jeremia] |
| | | 598 | Jojachin | |
| | | 597–587 | Zidkija | [Ezechiel] |

# Orte und Landschaften in Israel/Palästina in der Königszeit

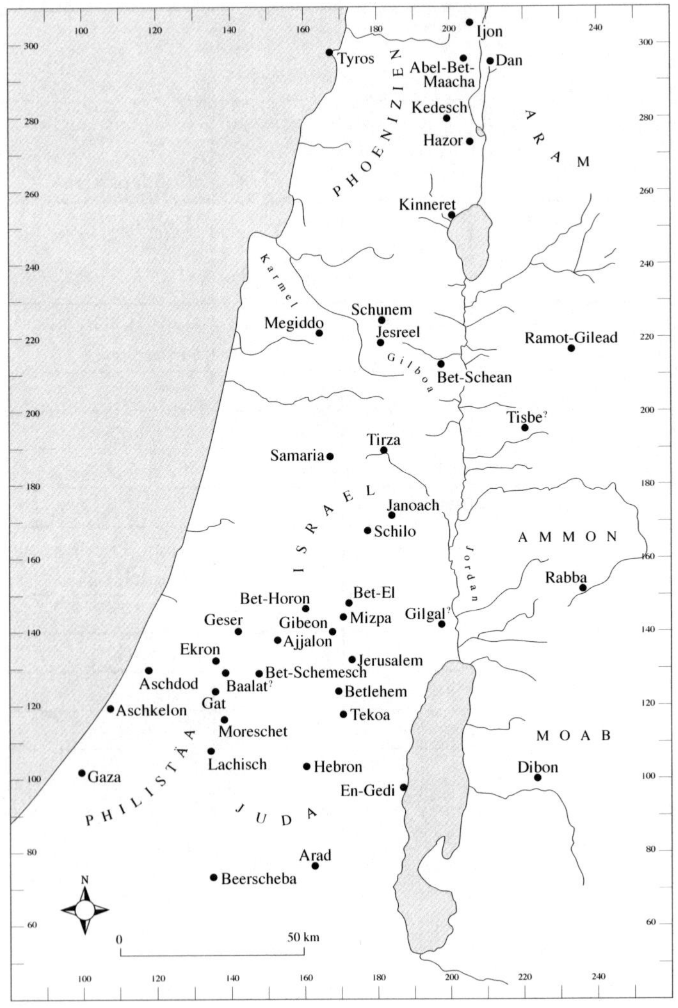

## Namen/Figuren in den Königsbüchern

| | |
|---|---|
| Abija | israelitischer Prinz, Sohn Jerobeams I., 10. Jh. |
| Abijam | König Judas, 10. Jh. |
| Adonija | judäischer Prinz, Sohn Davids, 10. Jh. |
| Ahab | König Israels, 9. Jh. |
| Ahas | König Judas, 8. Jh. |
| Ahasja | König Israels, 9. Jh. |
| Ahasja | König Judas, 9. Jh. |
| Ahija | israelitischer Prophet, 10. Jh. |
| Amel-Marduk | König Babels, 6. Jh. |
| Amos | judäischer Prophet, 8. Jh. |
| Asa | König Judas, 9. Jh. |
| Asarhaddon | König Assurs, 7. Jh. |
| Assurbanipal | König Assurs, 7. Jh. |
| Atalja | Königsmutter, Königin Judas, 9. Jh. |
| Bascha | König Israels, 9. Jh. |
| Batscheba | Königin, Gattin Davids und Mutter Salomos, 10. Jh. |
| David | König Judas und Israels, 10. Jh. |
| Elija | israelitischer Prophet, 9. Jh. |
| Elischa | israelitischer Prophet, 9. Jh. |
| Etbaal | König Sidons, 9. Jh. |
| Hasaël | König Arams, 9. Jh. |
| Hiskija | König Judas, 8. Jh. |
| Hosea | König Israels, 8. Jh. |
| Hosea | israelitischer Prophet, 8. Jh. |
| Isebel | israelitische Königsmutter, 9. Jh. |
| Jehu | Putschgeneral und König Israels, 9. Jh. |

Jehu ben Hanani .......... israelitischer Prophet, 9. Jh.
Jerobeam I. .................. König Israels, 10. Jh.
Jerobeam II. ................ König Israels, 8. Jh.
Jesaja .......................... judäischer Prophet, 8. Jh.
Joasch .......................... König Judas, 9. Jh.
Jojachin ....................... König Judas, 6. Jh.
Jojada .......................... Hoherpriester, 9. Jh.
Joram .......................... König Israels, 9. Jh.
Joram .......................... König Judas, 9. Jh.
Joschafat ..................... König Judas, 9. Jh.
Joschija ....................... König Judas, 7. Jh.
Manasse ...................... König Judas, 7. Jh.
Merodach-Baladan ........ König Babels, 8. Jh.
Mescha ........................ König Moabs, 9. Jh.
Micha ben Jimla .......... israelitischer Prophet, 9. Jh.
Micha von Moreschet .... judäischer Prophet, 8. Jh.
Naaman ....................... aramäischer General, 9. Jh.
Nahasch ...................... König Ammons, 10. Jh.
Natan .......................... judäischer Prophet, 10. Jh.
Nebukadnezar ............. König Babels, 7./6. Jh.
Necho .......................... König Ägyptens, 7./6. Jh.
Omri ........................... König Israels, 9. Jh.
Padi ............................ König Ekrons, 8. Jh.
Rehabeam .................... König Judas, 10. Jh.
Salmanasser ................ König Assurs, 8. Jh.
Salomo ........................ König Judas und Israels, 10. Jh.
Sanherib ...................... König Assurs, 8. Jh.
Sargon II. .................... König Assurs, 8. Jh.
Tiglatpileser III ........... König Assurs, 8. Jh.
Zidkija ........................ König Judas, 6. Jh.

## Glossar

**Alleinverehrungsgebot** … Das erste der Zehn Gebote, die Verehrung allein Jahwes fordernd

**Ammon(iter)** … östliches Nachbarvolk Israels

**Anat** … Liebes- und Fruchtbarkeitsgöttin im kanaanitischen Pantheon

**Annalen** … lateinisch *res gestae*, biblisch «Tagebücher»: bei Hof geführte Aufzeichnungen über wichtige Daten und Ereignisse

**Aram(äer)** … nordöstliches Nachbarvolk Israels

**Aschera** … Muttergöttin im kanaanitischen Pantheon

**Assur/Assyrien** … mesopotamisches Grossreich, dominant im Vorderen Orient im 8./7. Jh.

**Ätiologie** … Erzählung zur Erklärung eines bestimmten Sachverhalts

**Baal** … eigentlich «Herr», Fruchtbarkeitsgott im kanaanitischen Pantheon

**Babel, Babylonien** … mesopotamisches Grossreich, zu neuer Blüte gelangt im 7./6. Jh.

**Bet-El** … wichtiges Heiligtum im Süden des Königreichs Israel

**Chronik(bücher)** … Neuschreibung der Geschichte Israels von der Schöpfung bis zum Ende des babylonischen Exils, entstanden im späten 4. Jh.

**Dan** … nördliche Grenzstadt Israels

**Davididen** … Herrscher Judas aus der Linie Davids

**Deuteronomium, deuteronomisch** … 5. Buch Mose, Gesetzesnovelle zum sogenannten Bundesbuch (Ex 21–23), entstanden wahrscheinlich im 7. Jh., in Kraft gesetzt von König Joschija

**Deuteronomist(en), deuteronomistisch** … vom Deuteronomium inspirierte Autoren und Redaktoren während und nach der Exilszeit

**Exil** … von einer Grossmacht verfügte Deportation von Teilen eines besiegten Volks in weit entfernte Gegenden des Reichs

**Exilszeit** … Zeit der sogenannten babylonischen Gefangenschaft von Teilen der Bevölkerung Judas (598/587 bis 538 v. Chr.)

**Gibeon** … Stadt nordwestlich von Jerusalem mit stark kanaanitischer Prägung

**Gihon** … Hauptquelle Jerusalems

**Hasmonäer** … jüdisches Herrschergeschlecht im 2. und 1. Jh. v. Chr.

**Horeb** … vor allem im Deuteronomium gebrauchter Wechselname für den Gottesberg Sinai

**Inthronisation** … Einsetzung einer Führungspersönlichkeit, meist eines Königs

**Jerusalem** … judäische Residenzstadt und Ort des salomonischen Tempels

**Jesreel** … Sommer- bzw. Nebenresidenz der Könige Israels

**Jordan** … Fluss, der in nord-südlicher Richtung vom Hermongebirge zum Toten Meer fliesst

**Kamosch** … Hauptgott Moabs

**Karmel** … Bergzug, in west-östlicher Richtung von der Bucht von Akko in Richtung des Sees Gennesaret verlaufend

**Kerit** … Bach, der von Osten her dem Jordan zufliesst

**Kusch** … antiker Name für Äthiopien

**Lachisch** … judäische Festungsstadt südwestlich von Jerusalem

**Levante** … Länder bzw. Regionen entlang der östlichen Küste des Mittelmeers von Kleinasien bis Ägypten

**Masoreten** … jüdische Gelehrte, die im 7. bis 10. Jh. n. Chr. den bis dahin rein konsonantischen hebräischen Bibeltext bearbeitet und u. a. mit einem Punktationssystem (d. h. mit Vokal- und Akzentzeichen) versehen haben

**Moab(iter)** … östliches Nachbarvolk Israels/Judas

**Monolatrie** … Verehrung nur eines Gottes, ohne generelle Bestreitung der Existenz noch anderer Götter/Göttinnen

**Monotheismus** … Überzeugung, dass es nicht viele oder mehrere Götter/Göttinnen gibt, sondern nur Eine(n)

**Mot** … Todesgottheit im kanaanitischen Pantheon

**Nimschiden** … israelitische Königsdynastie in der 2. Hälfte des 9. und 1. Hälfte des 8. Jh.

**Ninive** … Hauptstadt des assyrischen Grossreichs ab dem späten 8. Jh.

**Ofel** … Stadthügel Jerusalems, auf dem die alte Davidstadt gelegen war

**Omriden** … israelitische Königsdynastie in der 1. Hälfte des 9. Jh.

**Pantheon** … Familie oder Gruppe von Gottheiten einer bestimmten Kultur bzw. Religion

**Philister/Philistäa** … zusammenfassender Name eines Fünfstädtebunds an der südlevantinischen Mittelmeerküste

**Saba** … sagenhaftes Königreich in Südarabien

**Samaria** … israelitische Residenzstadt

**Samaritaner** … Bevölkerung des zentralpalästinischen Berglands nach Untergang des Königreichs Israel

**Samerina** … Name der auf dem Boden Israels geschaffenen assyrischen Provinz

**Schefela** … Hügelland zwischen dem judäischen Bergland und der Mittelmeerebene

**Schilo** … wichtiges Heiligtum im zentralisraelitischen Bergland

**Schiloach** … Name einer in einem Tunnel geführten, unterirdischen Wasserleitung in Jerusalem

**Septuaginta** … griechische Übersetzung des Alten Testaments aus dem 3. und 2. Jh. v. Chr.

**Sidon** … eine der führenden Städte Phöniziens

**Tirza** … israelitische Königsstadt im frühen 9. Jh.

**Tora** … wörtlich «Weisung», dann «Gesetz», Sammelname der fünf Bücher Mose

**Tyrus** … wichtige phönizische Stadt

**Zion** … Burg- und Tempelberg Jerusalems

## Bildnachweise

Abb. 1 Peter Paul Rubens, Das salomonische Urteil, Statens Museum for Kunst, Kopenhagen, Wikimedia Commons

Abb. 2 Die Königin von Saba und König Salomo, Kathedrale von Amiens, Foto: Mozartracks, Wikimedia Commons

Abb. 3 Konrad Witz, Die Königin von Saba vor König Salomo, Teil des Heilspiegelaltars, Gemäldegalerie Berlin, Foto: Shonagon, Wikimedia Commons

Abb. 4 Schüler Raffaels (1483–1520), Salomo und die Königin von Saba, 16. Jahrhundert © Foto: Carlo Bollo / Alamy

Abb. 5 Mattia Preti, Salomo und die Königin von Saba, Schloss Rohrau, Graf Harrach'sche Familiensammlung

Abb. 6 Giovanni Demin, Salomo und die Königin von Saba, Wikimedia Commons

Abb. 7 Julius Schnorr von Carolsfeld, Elija wird von Raben gespeist, aus: Julius Schnorr von Carolsfeld und August Gaber (Holzschneider), Die Bibel in Bildern, Leipzig 1860

**Produktsicherheit**

Hersteller:
TVZ Theologischer Verlag Zürich AG
Schaffhauserstr. 316, CH-8050 Zürich
info@tvz-verlag.ch

Verantwortlicher in der EU gemäss GPSR:
Brockhaus Kommissionsgeschäft GmbH
Kreidlerstr. 9, D-70806 Kornwestheim
info@brocom.de

Weitere Informationen bezüglich Produktsicherheit finden Sie unter:
www.tvz-verlag.ch/produktsicherheit